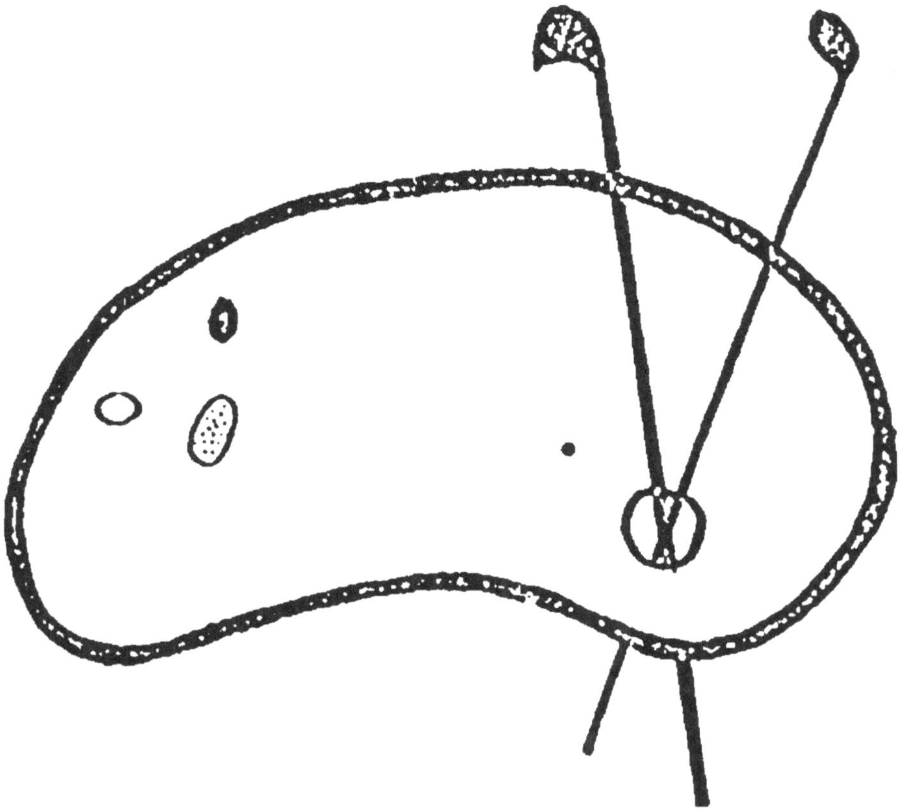

COUVERTURE SUPÉRIEURE ET INFÉRIEURE
EN COULEUR

UN

NÉGOCIATEUR SUISSE

DU COMTE D'ARTOIS

PENDANT LA CAMPAGNE DE FRANCE (MARS 1814)

EPISODE DES ORIGINES DE LA RESTAURATION

Par Casimir Folletête

AVOCAT, DÉPUTÉ AU GRAND CONSEIL DE BERNE

Extrait de la *Revue de la Suisse catholique*

FRIBOURG
IMPRIMERIE CATHOLIQUE SUISSE
13, Grand'Rue, 13

1888

UN NÉGOCIATEUR SUISSE

DU COMTE D'ARTOIS

PENDANT LA CAMPAGNE DE FRANCE

Les origines de la Restauration sont longtemps restées ensevelies dans une sorte de mystère.

Vingt deux ans d'exil avaient rendu les princes de la maison de Bourbon étrangers au pays, que des événements uniques dans l'histoire les appelaient soudain à gouverner de nouveau.

La France, enivrée pendant de longues années d'une gloire militaire sans égale, avait oublié que les descendants de ses rois existaient encore, tant elle était absorbée par le despotisme de Napoléon, et éblouie par l'éclat de ses victoires.

Aussi, quand après les revers de la campagne de France, où le grand capitaine brille de tout l'éclat d'un génie supérieur, inépuisable dans ses ressources et la fécondité de ses conceptions, les armées étrangères entrèrent dans la capitale de l'Empire, accueillies par des manifestations royalistes, le peuple de Paris et l'armée, toujours prêt à expliquer les désastres militaires par l'excuse banale de la défection et de la trahison, répétèrent à l'envi que l'ennemi avait gagné les chefs de l'armée, pour replacer les Bourbons sur le trône.

Pour les braves soldats qui avaient lutté depuis trois mois, avec un courage, une abnégation et une tenacité admirables, afin de disputer pied à pied le sol de la patrie aux masses de la coalition, les Bourbons étaient de connivence avec les Alliés, et l'invasion n'avait été décidée dans les Conseils de l'Europe, qu'en vue du renversement de la dynastie du soldat heureux qui, depuis tant d'années, ne cessait d'humilier les représentants des plus anciennes monarchies.

Que de fois, depuis 1814, les partis, dans leur ardeur irréfléchie, comme dans leurs récriminations calculées, n'ont-ils pas répété dans la presse, à la tribune et dans la rue, que les Bourbons étaient le parti de l'étranger en France, et que les envahisseurs avaient ramené leur gouvernement dans les fourgons de la Coalition ! Les proclamations de Napoléon au retour de l'île d'Elbe et l'agitation fébrile des Cent jours ont popularisé l'accusation.

Rien n'est plus faux que ce préjugé, si longtemps enraciné dans les partis hostiles, qu'avant la publication du grand ouvrage de Thiers, où l'action diplomatique des Alliés est éclairée de la plus vive lumière, par une série de documents authentiques et de renseignements inédits, puisés aux sources les plus respectables, le combattre a longtemps paru une entreprise téméraire.

A côté de l'histoire du Consulat et de l'Empire sont venus se ranger les publications faites en Angleterre et en Allemagne, puis les mémoires particuliers qui ont joué un rôle dans les événements européens. Tous ces documents, condensés dans l'histoire universelle de Onken, actuellement en cours de publication à Berlin, établissent sans réplique qu'au début de l'invasion de la France par les armées étrangères, la Maison de Bourbon n'entrait pour rien dans les combinaisons politiques des cabinets.

Nous apportons un document nouveau, à l'appui des appréciations de l'éminent historien du Consulat et de l'Empire : il nous parait résoudre définitivement la question de la prétendue connivence des Bourbons avec la coalition, et faire sur l'isolement des princes de la maison royale, sur les difficultés presque insurmontables qui s'opposaient à leur action en France, pendant la première période de l'invasion, jusqu'à la fin de mars 1814, une lumière éclatante.

Nous avons découvert dans les archives de l'État de Berne, une copie authentique de la relation de la mission d'un négociateur envoyé par le Comte d'Artois au quartier général du maréchal de Schwarzenberg, pour tenter de gagner le prince de Metternich et les diplomates de la Coalition, à la cause de la restauration de la maison de Bourbon sur le trône de France. Ce négociateur est un Suisse, M. de Wildermett de Bienne, alors préfet de la Haute-Saône, institué par le gouverneur général de la Franche-Comté et des pays circonvoisins, pour le compte des puissances alliées.

Il a fait déposer aux archives cantonales de Berne une copie authentique de son rapport au Comte d'Artois, accompagnée du Mémoire et des observations à l'appui de sa mission, qu'il laissa au prince de Metternich.

Avant de transcrire ces documents, complètement inédits et inconnus jusqu'à ce jour [1], et qui ont une valeur considérable pour l'histoire des origines de la restauration bourbonnienne, il ne sera pas hors de propos de jeter un rapide coup d'œil sur la situation en France, au début de la campagne de 1814.

I

Quand les armées alliées, chassant devant elles les débris de l'armée française vaincue à Leipsig, arrivèrent au Rhin, il se produisit spontanément comme un temps d'arrêt dans l'action militaire. On aurait dit que les Souverains coalisés contre la France impériale hésitaient, avant de porter leurs armes sur le territoire de l'ancienne France. Soit qu'ils aient voulu donner à Napoléon, le temps d'apprécier la situation désespérée dans laquelle il allait être acculé; soit qu'ils aient craint un retour de fortune, toujours possible avec un homme de guerre de cette trempe, dont le génie s'exaltait devant les revers; soit enfin qu'ils aient reculé devant l'éventualité, presque certaine, du soulèvement national d'un peuple guerrier défendant ses foyers contre l'envahisseur, la diplomatie mit à profit les derniers mois de 1813, pour tenter des négociations en vue de la conclusion d'une paix générale.

Des ouvertures furent faites à M. de St Aignan, ministre de France à Weimar, arrêté par les troupes alliées. Les Puissances offraient de respecter les frontières naturelles de la France. L'empire de Napoléon aurait donc conservé la ligne du Rhin, celles des Alpes et des Pyrénées. Personne ne songeait à un changement de dynastie.

Napoléon, tout entier à ses projets de défense et de revanche, s'arrangea pour gagner du temps. Tout en donnant des réponses

---

[1] *L'Histoire de la Restauration*, par Lubis, Paris 1848, mentionne toutefois le rapport.

évasives aux ouvertures de la diplomatie, il proposa un congrès à Mannheim.

C'est alors que parut la Déclaration de Francfort du 1er déc. 1813. Les Puissances alliées déclarent solennellement qu'elles ne font pas la guerre à la France; « qu'arrivées sur le Rhin, le premier « usage que Leurs Majestés Impériales et Royales ont fait de la « victoire, a été d'offrir la paix à Sa Majesté l'empereur des « Français. »

Cette paix était offerte à des conditions fondées sur l'indépendance de l'empire français, comme sur l'indépendance des autres Etats de l'Europe.

« Les Souverains alliés désirent que la France soit grande, forte « et heureuse, parce que la puissance française, grande, forte, « heureuse, est une des bases fondamentales de l'édifice social. »

La proclamation du maréchal de Schwarzenberg, datée de Lörrach 21 décembre 1813, lors du passage du Rhin, ne contient pas une allusion à un changement possible de dynastie. Les Puissances font la guerre, en vue de réprimer l'ambition trop absorbante de l'empereur Napoléon, et pour assurer la paix de l'Europe et leur propre indépendance.

Quand les soldats de la coalition pénétrèrent dans l'intérieur de la France, Napoléon, tout en se mettant en mesure de combattre, se décida à négocier. Des conférences s'ouvrirent à Châtillon-sur-Seine, le 5 février 1814. Tout ce que la diplomatie européenne avait d'illustre et de distingué, s'était rencontré dans cette petite ville, pour signifier à Napoléon l'ultimatum de l'Europe, le prince de Metternich, plénipotentiaire d'Autriche, le prince de Hardenberg pour la Prusse, lord Castlereagh, ministre des affaires étrangères d'Angleterre, en étaient les principaux personnages.

Les conditions de Châtillon différèrent sensiblement de celles contenues dans les ouvertures de Francfort. L'Europe irritée voulait réduire la France à ses anciennes limites de 1790. C'était à prendre ou à laisser. M. de Caulaincourt ministre des affaires étrangères de Napoléon, ne put, malgré ses efforts, déterminer le congrès à modifier ces conditions rigoureuses. Ici encore, pas un mot, pas un indice qui puisse nous conduire à la pensée, que le rétablissement de la maison de Bourbon soit le point de mire des Souverains alliés, ou même compte pour quelque chose dans les plans de leur diplomatie.

Thiers rapporte que l'empereur Alexandre, celui des Souverains alliés qui passait pour l'âme de la coalition, et qui eut une part prépondérante dans la fixation définitive des destinées de la France, s'entretenant à Troyes avec le général Régnier, fait prisonnier à Leipsig, et échangé contre le général autrichien de Merveldt, parlait avec une vivacité singulière de ses ressentiments personnels contre Napoléon. Ayant demandé à Régnier quand il comptait être à Paris, et le général ayant répondu qu'il espérait y être le 14 ou le 15, Alexandre avait répliqué : « Eh bien ! Blucher y sera « avant vous. Napoléon m'a humilié : je l'humilierai, et je fais si « peu la guerre à la France, que s'il était tué, je m'arrêterais sur « le champ. — C'est donc pour les Bourbons que Votre Majesté « fait la guerre ? avait dit le général Régnier. -- Les Bourbons, « avait répondu Alexandre, je n'y tiens nullement. Choisissez un chef « parmi vous, parmi les généraux illustres qui ont tant contribué « à la gloire de la France, et nous sommes prêts à l'accepter. »

Le czar avait même parlé de Bernadotte.

II

Le général Régnier n'avait pu cacher au czar la répulsion que le nom de Bernadotte inspirait à l'armée. Alexandre, tout à son idée, s'oublia jusqu'à dire qu'il imposerait Bernadotte aux Français, tout comme son aïeule Catherine avait imposé Poniatowsky aux Polonais. C'est alors que Régnier répliqua que Bernadotte était impossible en France, et que ni le peuple, ni l'armée ne pourraient jamais se résoudre à accepter ce transfuge.

Le czar avait paru très surpris de ces sentiments. On eût dit non seulement qu'il ne s'y attendait pas, mais que les répugnances du général français, exprimées avec une franchise toute militaire, le contraignaient à faire le sacrifice d'un projet dont il caressait amoureusement la réalisation.

C'est qu'en effet l'empereur Alexandre avait mis une ardeur extrême à proposer le prince royal de Suède comme le successeur de Napoléon, et qu'il avait fallu presque en venir aux grands moyens pour l'empêcher de jeter cette pomme de discorde au milieu des embarras de la coalition.

La publication récente des *Mémoires* et des papiers de Metternich, comme aussi les dépêches anglaises, ont mis dans tout son jour cet étrange épisode de la campagne de France.

Il vaut donc la peine de lui donner dans ce travail l'importance qu'il comporte. C'est d'ailleurs une preuve de plus que jusqu'à la rupture des négociations de Châtillon, personne ne s'occupait des Bourbons, et ne songeait à proposer leur candidature au trône de France. L'incident jette pareillement la plus grande lumière sur les hésitations, inexplicables jusqu'ici, des généraux alliés, et le peu de vigueur de l'action militaire jusqu'à la fin de janvier 1814.

La correspondance du prince de Metternich avec le maréchal de Schwarzenberg nous donne la clé du mystère. Le 16 janvier 1814, le chancelier d'Autriche écrivait de Bâle au généralissime la lettre suivante : « Je vous écris, mon cher ami, dans un « moment de très grave importance. Nous en sommes au point où « tout peut arriver pour le bien, où l'œuvre de salut que nous « avons entreprise doit se voir couronnée, si tout ne s'écroule sous « nos pas. Je ne puis vous dire ce qui se passe ici, mais je vous « informe que Lord Castlereagh doit arriver ici au plus tard « demain, et que de la première heure de l'entrevue avec lui, « dépendra le salut de l'entreprise dans sa marche actuelle. S'il « diffère aussi complètement que les autres, nous devrons prendre « d'autres mesures. En tout cas, il est de la plus grande impor- « tance que vous n'étendiez pas vos opérations militaires au delà « de ce qui est absolument indispensable. Il ne nous entre pas « dans l'esprit de sacrifier un seul homme pour placer *Bernadotte* « *sur le trône de France.* Vous croyez sans doute que je deviens « fou ? Pas le moins du monde! C'est, en effet, l'ordre du jour! »

Cette communication parvint à Schwarzenberg le 17 janvier, soit la veille de son entrée à Langres. Dès le lendemain, il répondit par ce billet, non moins significatif: « J'ai reçu hier votre lettre « du 16, et depuis lors, je ne rêve plus que de Bernadotte. Quoi! « L'univers n'aurait vu la coalition des plus grands monarques de « l'Europe, que pour avoir comme conséquence un pareil scan- « dale!!! — Impossible! Je compte sur vous! »

La candidature de Bernadotte au trône de France était décidé- ment la marotte de l'empereur de Russie. Le maréchal de France, devenu le prince royal de Suède, avait prit part à la coalition de 1813 avec un double objectif devant les yeux: gagner la Norvège à la Suède, et remplacer Napoléon comme empereur des

Français. Alexandre, qui s'était engoué de lui, peut-être parce que sa défection en faisait un ennemi personnel de Napoléon, lui avait promis, dans l'entrevue d'Abo, et la Norvège, et la couronne de France.

Les ministres des puissances alliées étaient loin de partager cet engouement pour un homme que rien ne recommandait, ni son caractère, ni ses talents, et leur correspondance intime répand un singulier jour sur l'esprit qui régnait au quartier général de l'armée alliée. Les extravagances de l'empereur de Russie y étaient appréciées avec une vigueur qu'on ne soupçonnait guère avant la publication des *Mémoires* de Metternich.

L'arrivée du plénipotentiaire anglais donna au prince Metternich l'appui espéré : « Lord Castlereagh est ici, écrivait le chancelier « au généralissime [1], et je suis très content de lui. Il a tout : de la « grâce, de la sagesse et de la modération. Il me plaît en tous « points, et je suis convaincu que je ne lui plais pas moins. Nous « tenons en bride la stupidité d'une certaine personnalité, et je « n'ai plus d'inquiétude de ses soubresauts *(Quersprünge)*. L'en- « gouement pour Bernadotte est un péché qui se rattache à « d'autres péchés, mais nous ne tomberons pas dans le panneau. »

Le ministre anglais témoigne de sa stupéfaction en apprenant les projets de l'empereur Alexandre à l'égard du futur gouvernement à donner à la France après la chute de Napoléon.

« On dit, écrit-il, que l'empereur de Russie incline à favoriser « les intentions du prince royal de Suède sur le trône de France. « C'est à peine si je puis me faire à l'idée d'une pareille prétention, « mais on me l'affirme de tant de sources dignes de foi, que je ne « puis hésiter à admettre que Sa Majesté Impériale a eu véritable- « ment cette intention, bien que j'aie confiance que ce n'est point « avec tant de résolution, pour y persister en bravant les objec- « tions qui lui ont été faites [2]. »

Ce que nous avons cité de la lettre de Metternich au maréchal de Schwarzenberg nous renseigne exactement sur la déplorable impression ressentie au quartier général, en présence de l'obstination d'Alexandre à prétendre remplacer Napoléon par Bernadotte.

---

[1] Metternich. *Mémoires.* La participation de l'Autriche.
Oncken. *Das Zeitalter der Revolution, des Kaiserreiches und der Befreiungskriege.*
[2] *Supplementary Despatches of Wellington.*

Lord Castlereagh confirma la résolution du cabinet autrichien de s'arrêter, plutôt que de se faire le champion de la candidature du prince royal de Suède. « J'ai lieu de croire, écrit-il, que jusqu'au désaveu de ces intentions, l'armée autrichienne ne s'avancera pas plus loin dans la direction de Paris. Le langage du prince de Metternich là dessus est aussi résolu que possible, et les Prussiens ne s'expriment pas moins vivement.

« Le ministre autrichien déclare confidentiellement que si la nation française veut restaurer l'ancienne dynastie, sa cour ne s'y opposera pas; mais que c'est tout autre chose de voir madame Bernadotte à la place d'une princesse de Habsbourg. Et cependant, cela serait une chose accessoire, en présence du danger auquel une alliance de la France avec la Russie exposerait la liberté de l'Europe. C'est précisément contre ce mal que l'empereur François a voulu se garantir, en donnant sa fille en mariage à Napoléon [1]. Abstraction faite de la gloire de détrôner Buonaparte, et de se débarrasser d'un voisin turbulent, l'empereur Alexandre aura été impressionné dans le sens de la réalisation de ce plan, par une visite qu'il fit dernièrement à la cour de Bade, où il trouva la reine de Suède; il fut tellement ému par sa vue et celle de ses enfants, que peu après, il exprima l'intention sérieuse de les replacer sur le trône de Suède. J'espère que cette impression sera passagère, car on ne pourrait rien imaginer de plus honteux que de voir l'empereur, après avoir arraché la Norvège au Danemark, afin de rendre la Suède indépendante, créer à l'aide de cet homme, et au moyen d'intrigues, sa domination sur les deux, et s'assurer en même temps en France une influence prédominante. Il est certain que le prince royal de Suède a accentué très vivement ses intentions à l'égard de la France. Il a relâché un nombre croissant d'officiers français prisonniers, et les a laissés retourner en France tout dernièrement, avec la coopération de l'empereur, selon ce qu'il prétend: il n'en a pas moins libéré de 60 en une fois. Mais ces officiers ont été retenus à la frontière par un général prussien, et depuis lors, d'après ce qu'on me dit, ils ont été dirigés en arrière sur l'ordre du prince de Schwarzenberg, pour rester, sur

---

[1] On sait qu'après le divorce avec l'impératrice Joséphine, il avait été sérieusement question d'une alliance de Napoléon avec la grande duchesse Anne, sœur de l'empereur Alexandre.

leur parole d'honneur, à Fulda. La correspondance de M. Thornton (ministre d'Angleterre près la cour de Suède) établit que Bernadotte travaille avec zèle à renverser Buonaparte. Il lui dit vouloir rétablir les Bourbons. La première allusion au plan de placer Bernadotte sur le trône de France m'a surpris en voyage. J'ai jugé urgent d'écrire sur-le-champ à Thornton que sans autorisation formelle, il n'avait à appuyer aucune mesure que le prince royal pourrait prendre touchant la situation intérieure de la France ; je lui ai de même interdit de s'occuper de la fourniture de la solde aux troupes danoises, comme il en avait le projet, parce que le prince royal ne le voulait que pour étendre son gouvernement, qui actuellement est déjà suffisamment étendu. Je voudrais de plus que le commandement général des troupes anglaises et hollandaises à la frontière de Hollande ne lui fût donné en aucun cas, mais qu'à un moment favorable ces troupes servissent de base à une autre répartition du commandement. »

Lord Castleargh ne put joindre l'empereur de Russie que le 25 janvier à Langres.

Il ne tarda pas à s'apercevoir que les projets d'Alexandre au sujet de la reconstitution de la France existaient dans son esprit, à l'état d'idée fixe, et que la candidature de Bernadotte faisait partie intégrante de sa politique. Mais l'Autriche surtout ne voulait pas entendre parler de la royauté de Bernadotte. On en vint à des explications assez vives entre Alexandre et le prince de Metternich.

L'empereur d'Autriche, poussé par les alarmes de l'Europe, avait dû, presque à contre-cœur, entrer dans les coalitions contre l'empereur Napoléon, son gendre. Cette situation délicate lui imposait une grande réserve. L'idéal de la diplomatie autrichienne eût été de conserver Napoléon, mais Napoléon, corrigé par les événements, et inoffensif pour la liberté de l'Europe. C'était une chimère qu'un Napoléon pacifique. Le cabinet autrichien ne se faisait plus d'illusions à cet égard. Toute son action consista dans la première période de l'invasion, à écarter la combinaison Bernadotte, que l'Autriche considérait comme personnellement offensante pour elle.

L'Angleterre partageait cette manière de voir. Quant à la question de restauration des Bourbons, les rapports de lord Castlereagh, publiés en 1868, ont jeté un jour inattendu sur cette phase de l'action diplomatique pendant la campagne de France. Le ministre anglais dit avoir amené le prince de Metternich à convenir qu'il n'y avait pour la France, que deux alternatives : « *Buonaparte ou* « *les Bourbons,* et que ceux-ci auraient l'avantage si la France elle- « même accentuait ses désirs à leur sujet, et agissait avec l'énergie « nécessaire pour faire réussir cette combinaison, avec la coopéra- « tion de la bonne volonté et du joyeux acquiescement de la nation. »

C'est donc sur une manifestation unanime de l'opinion française que l'Angleterre s'apprêtait à baser ses résolutions, au cas où Napoléon serait devenu impossible. On ne trouve rien, ni dans les Mémoires particuliers, ni dans les documents officiels, ni dans la correspondance diplomatique, qui autorise même le soupçon que l'Autriche se battait en vue de cette éventualité, considérée comme si lointaine par sa diplomatie.

Mais revenons à Bernadotte, car jusqu'à la fin de janvier sa candidature seule est posée, à l'exclusion de toute autre.

Voici, à grands traits, comment l'empereur de Russie entendait la faire prévaloir :

Les opérations militaires devaient être poussées avec vigueur. Quand on serait arrêté devant Paris, on lancerait au peuple fran-çais une proclamation dans laquelle les Alliés déclareraient ne vouloir s'immiscer en rien, ni dans le choix de la forme du gouver-nement de la France, ni dans le choix de son souverain.

Quand lord Castlereagh demanda à l'empereur de Russie des explications au sujet de Bernadotte, Alexandre se défendit d'avoir contracté avec lui aucun engagement et de vouloir l'imposer, vu que par principe il lui répugnait de s'immiscer dans le gouverne-ment d'un autre État; mais que son intention était plutôt d'aban-donner à la nation le choix du souverain.

Alexandre faisait en toute occasion parade de ses opinions libé-rales vis-à-vis de l'Europe, sauf à ne pas lâcher un atome de son autocratie dans sa vaste monarchie.

Il avait pour l'élection de son protégé, un système particulier dont les détails se trouvent dans un rapport de lord Castlereagh. « En même temps que paraîtra la Proclamation aux Français, poursuit-il, nous convoquons les assemblées primaires, et nous leur demandons la délégation d'un certain nombre de représen-tants à Paris, lesquels auront à se prononcer sur la forme du gouvernement et le choix de son chef, au nom et en remplacement de la nation.

« Mais, interrompit Metternich, ce serait là une seconde édition
de la Convention, un nouveau déchaînement de la Révolution ! »
Alexandre répondit très tranquillement : « Nous sommes en France,
nos armées sont nombreuses, elles intimideront les intrigants. Les
délégués n'auront à se prononcer que sur deux questions, le choix
de la forme du gouvernement et la nomination du chef de l'État.
La République est finie. Elle est tombée sous ses propres excès. Le
prince que la nation se donnera elle-même, aura le moins de difficulté à établir son autorité. Celle de Napoléon est brisée, et personne n'en voudra plus. Un point essentiel sera de diriger les
assemblées primaires. J'ai là-dessus, en réserve, l'homme le plus
propre et le plus capable de se charger de cette besogne, qui, pour
un nouveau venu, serait peut-être impossible. Nous chargerons
Laharpe de la direction de l'affaire. »

César Laharpe, l'ancien gouverneur d'Alexandre, avait joué un rôle
prépondérant en Suisse, lors de la révolution du pays de Vaud, en
1798. On sait qu'il avait eu une participation bien grande dans le règle-
ment des affaires suisses après la chute de Napoléon. C'était l'homme
d'Alexandre [1]. Il était évident que pour les diplomates auxquels
étaient adressées ces étranges ouvertures, le programme du czar
pouvait se résumer ainsi : Sous la direction de Laharpe, c'est-à-dire
du czar lui-même, et sous la pression des bayonnettes russes, le
peuple français sera appelé à voter sur deux questions fondues en
une seule : *République ou Bernadotte.*

Et comme dans des conditions semblables, la réponse du scrutin
ne pouvait être douteuse, les coalisés se seront donnés beaucoup
de peine pour venir installer en France un roi selon le cœur du
czar, inféodé à la politique russe, et ayant pour premier devoir de
favoriser dans toute l'Europe les intérêts russes.

Aussi, le Chancelier autrichien déclara-t-il sur-le-champ au
czar, que jamais son maître l'empereur François ne se prêterait à
une pareille expérience, sur la base du suffrage universel. Metternich ne perdit pas de temps pour exploiter l'impression produite
par les révélations du czar. Dès le lendemain, après avoir pris les

---

[1] Le colonel Laharpe, revenu d'une excursion à Paris, était à Troyes.
Son apparition périodique dans les conseils d'Alexandre était chaque fois
accueillie par les souverains et leurs ministres, avec les sentiments les
plus pénibles. — ONCKEN, l. c.

ordres de l'Empereur, et s'être concerté avec les diplomates de la
coalition, il pouvait déclarer au patron de Bernadotte que l'empereur, son maître, était opposé à toute convocation de la nation, et
à tout appel à un peuple qui se trouverait dans la fausse situation
de délibérer en présence de 700 mille bayonnettes. A cette déclaration si péremptoire, Metternich laissa entendre clairement que
l'exécution de ce plan obligerait l'empereur à retirer instantanément son armée.

Alexandre céda de mauvaise grâce, tout en déclarant qu'il ne
voulait pas se mettre en désaccord avec ses alliés, mais que le
temps se chargerait déjà de démontrer qui avait eu raison.

Nous avons vu par l'entrevue avec le général Régnier, moins
d'un mois après, la preuve que le czar n'avait point encore
abandonné sa combinaison favorite.

Alexandre ne voulait à aucun prix des Bourbons [1]. Quand même
les autres puissances auraient été favorables à une restauration de
l'ancienne monarchie, l'opposition de la Russie aurait été suffisante
pour leur imposer une grande réserve.

On marchait bien sur Paris, mais qu'allait-on y faire ? Avec qui
traiterait-on, si on parvenait à renverser Napoléon ? — On n'était
d'accord sur rien. Sans doute les événements pourraient amener
cette entente, mais était-il sage de presser l'action militaire, avant
d'avoir posé les bases premières et indispensables d'une certaine
conformité de vues?

Ces incertitudes et ces divergences entre les coalisés, aujourd'hui
bien connues, ont sans aucun doute contribué à l'ouverture du
congrès de Châtillon. On peut voir par là combien il aurait été
facile à Napoléon, après ses premières victoires sur l'armée de
Silésie, de détacher l'Autriche de la coalition, en se relâchant de
son inflexibilité. Ces conclusions ne paraîtront pas exagérées, si on
les rapproche de la déclaration écrite par l'empereur François,
au bas du Mémoire, où le prince de Metternich, examinant la
question de l'intervention des Alliés dans les affaires intérieures
de la France, concluait à ce qu'on laissât la France régler elle-

[1] L'empereur Alexandre avait conservé un mauvais souvenir des émigrés
français et de leurs prétentions. Il avait une certaine aversion presqu'instinctive contre les princes de la maison de Bourbon. — ONCKEN, l. c. 761 .

même la question de sa constitution, soit en conservant l'empereur Napoléon, soit qu'elle se décidât à le remplacer par les Bourbons. Voici le texte de cette déclaration : « Je respecte trop le travail de « tout peuple indépendant, pour m'immiscer dans des questions « purement nationales ; et comme telles, j'envisage la personne du « souverain, et les formes de la constitution intérieure. Dès lors, « je ne me prêterai jamais à prononcer la déposition, ou l'introni- « sation d'un souverain. »

Cette déclaration de principe répond entièrement à la politique adoptée par l'Autriche dès le début de la campagne. En voici encore une autre preuve, que nous puisons dans les documents diplomatiques, publiés depuis la mort du prince de Metternich : « J'ai donné ordre au généralissime prince de Schwarzenberg, « écrit l'empereur, de ne se régler dans ses opérations, et jusqu'à « la signature de la paix, que par des considérations militaires. »

Que Bernadotte ait pris au sérieux sa candidature au trône de France, c'est ce qui n'est pas douteux, et ce qui était bien connu de la diplomatie française et européenne. Même quand l'empereur Alexandre, avec la mobilité extrême qui faisait le fond de son caractère, se fut laissé persuader par les arguments des envoyés royalistes, et se fut rallié à la seule combinaison qui pouvait ame- ner pour la France la chance d'une paix honorable, le prince royal de Suède cherchait encore à attirer sur sa personne l'attention du peuple français. En voici deux preuves très péremptoires.

Lors de l'entrée des armées coalisées à Paris le 2 avril, un aide de camp de Bernadotte fit afficher à Pau un bulletin officiel annonçant aux compatriotes du prince royal de Suède, que l'armée alliée était entrée, sous son commandement, dans la capitale aux cris de : « Vive Louis XVIII ! *Vive le prince royal de Suède !* » Le bulletin ajoutait : « La ville de Paris a adressé à Son Altesse royale une proclamation afin de remercier cet auguste et généreux guer- rier pour la paix qu'il vient donner à notre chère patrie. Réjouissez- vous, habitants de cette ville, ce grand homme est né parmi vous.

Vive le roi [1].

La seconde preuve n'est pas moins significative.

---

[1] Au-dessous de la *Nouvelle officielle* se trouvait la mention suivante : « Imprimé par ordre de M. le comte de Viel Castel, aide de camp de S. A. R. le prince royal de Suède, en mission dans le Béarn. — Imprimé à Pau, chez Veronese, libraire. — ONCKEN, l. c.

Le 2u mars, le général Maison écrivait de Lille au prince Berthier, que la veille, un officier suédois avait amené aux avant-postes de la garnison d'Ypres quarante officiers français prisonniers. Ces militaires donnaient d'étranges détails sur les allures du prince royal de Suède. D'après eux, les sentiments du prince étaient à l'endroit des Alliés de telle nature, que l'empereur Napoléon pourrait en tirer le plus grand profit, pour le ramener à sa cause en le détachant de la coalition. L'officier chargé de remettre les prisonniers aux avant-postes français, déclarait qu'il avait ordre du prince, au cas où le duc de Weimar s'opposerait à leur sortie, d'exiger un refus écrit, auquel cas, le Prince ferait alors accompagner les prisonniers par une escorte suffisante, chargée de tirer sur tout corps de troupe, quel qu'il soit, qui tenterait d'arrêter sa marche. Bernadotte s'était exprimé avec emportement contre les Bourbons, et avait exhorté les officiers français de se serrer autour de l'empereur, et de mourir plutôt que de souffrir que cette famille déshonorée des Bourbons remonte sur le trône. Il les avait adjurés d'insurger leurs provinces, afin de traverser les plans favoris de la coalition. Quant à lui, il resterait à Liège avec toutes ses troupes, et n'en sortirait qu'à bon escient.

D'après le général Maison, il y avait encore d'autres indices des mécontentements de la Suède, et il était probable que l'Empereur n'aurait pas de peine à la détacher de la coalition.

La lettre, interceptée par les Alliés, avait achevé d'éclairer les cabinets sur la duplicité de Bernadotte. L'empereur Alexandre lui-même, rallié enfin à la cause de la restauration des Bourbons avec l'ardeur d'un néophyte, s'était montré très irrité des écarts de son ancien protégé.

Lord Castlereagh n'avait pas manqué de transmettre les intéressantes découvertes au Foreing-Office. L'éveil une fois donné, les renseignements abondèrent bientôt. C'est ainsi qu'on apprit que M. Viel-Castel avait fait répandre à Pau le bruit que le prince Bernadotte serait nommé lieutenant-général du royaume et gouvernerait le pays au nom des Bourbons. Les royalistes le considéraient d'abord comme un de leurs partisans, en haine de Napoléon, qu'on savait être détesté de lui. Mais on ne tarda pas à être édifié sur ses véritables sentiments. La correspondance de lord Castlereagh [1] nous donne les motifs de ce revirement.

----

[1] *Supplementary Despatches of Wellington.*

« Notre décision de Bar-sur-Aube, écrit-il, de placer sous le
« commandement de Blucher tous les corps avancés de l'armée du
« prince royal, a été dans cette affaire, aussi bien que sous le
« rapport militaire, le point de départ de sa volte-face. La nouvelle
« déception que Bernadotte a essuyée à Liège l'a rendu furieux, et
« j'incline à croire que Buonaparte aurait alors pu le déterminer à
« s'en aller avec ses Suédois ; il n'aurait osé s'hasarder à demander
« davantage à l'esprit bien connu de cette armée. Mais il est clair
« qu'il n'a voulu employer les Bourbons que comme des instruments
« de sa propre élévation, malgré les assurances qu'il nous avait fait
« parvenir par Thornton qu'il n'y avait pas de milieu entre
« Louis XVIII et Buonaparte. »

L'histoire possède maintenant sur ce sérieux épisode de la
restauration bourbonnienne en France, un ensemble de preuves
qui ne laissent aucun doute sur la duplicité raffinée de Bernadotte,
et le double rôle qu'il a joué pendant la période préparatoire qui
précéda l'avènement de Louis XVIII, aussi longtemps qu'il put
croire que la diplomatie europé·nne n'avait encore pris aucun
parti sur le futur gouvernement à donner à la France.

Ainsi, tandis qu'il excitait les officiers français auxquels il
donnait la liberté, à soulever les provinces contre les Bourbons, il
donnait à Liège au plénipotentiaire du Comte de Provence, le
19 mars, les assurances les plus positives : « Je veux, lui disait-il,
« le triomphe de la cause des Bourbons ; moi seul, j'ai les moyens
« de la faire triompher. Les alliés ne peuvent rien sans moi, car le
« peuple français a confiance en moi, tandis qu'il se défie des
« alliés [1]. »

Bernadotte trouva moyen d'arriver à Paris quelques heures
après la reddition de la capitale. Il s'y montra accompagné de
Mme de Stael et de Benjamin Constant [2] et s'en alla immédiatement
aux informations, avant d'aborder l'empereur Alexandre, dont il
espérait toujours l'appui.

Ce fut un familier du czar, le général corse Pozzo di Borgo, un
ennemi mortel de Napoléon qui a joué dans la diplomatie russe un
rôle très en vue depuis 1813, qui se chargea de faire comprendre
au grand homme de Pau, que sa candidature au trône de France

[1] Supplementary Despatches, VIII, 706.
[2] Béranger, Ma biographie. Paris 1858. P. 156.

n'était plus qu'un souvenir. Il le fit avec une ironie cruelle, dans un diner arrangé par le prince royal, pour obtenir les confidences d'un diplomate qui ne pouvait manquer de posséder le grand secret. Sur les interrogations confidentielles du prince, le diplomate russe répondit d'un air mystérieux que les cabinets étaient dans le plus grand embarras, quant au gouvernement à donner à un peuple si mobile et si difficile à gouverner que le peuple français. Le choix du nouveau souverain préoccupe tout le monde.

— Mais interrompit Bernadotte, ce choix est-il encore à faire? Vous devez savoir cela.

— Oui, malgré les objurgations de la Maison de Bourbon, rien n'est encore décidé.

— Mais les Bourbons sont impossibles, reprit le prince, la France ne les connaît plus. Ce qu'il faut à la France, c'est un souverain qui n'ait rien à reprocher à la Révolution.

— Evidemment.

— Un homme qui possède des connaissances militaires.

— D'accord.

— Un homme qui s'entende à l'administration d'un pays, et qui ait eu le souci des intérêts de l'Europe.

— C'est cela, prince, continuez.

— Un homme enfin que les souverains ont appris à apprécier et dont le caractère est une garantie de paix, de modération et de fidélité.

— Eh bien, prince, ce que j'ai l'honneur d'entendre de Votre Altesse, je me suis permis de le dire et de l'écrire. J'ai fait plus, j'ai osé désigner celui à qui je croyais qu'on pourrait confier les destinées de notre commune patrie. Le comte lança en même temps à son interlocuteur un regard respectueux. Bernadottte, comprimant mal sa joie, reprit: Pourrait-on savoir quelle est la personnalité désignée par Votre grande expérience?

— Votre Altesse l'a déjà nommée.

— Mais non: je pourrais d'ailleurs me tromper. Je vous en prie, M. le Comte, dites-moi donc qui a votre confiance?

— Vous le voulez, prince? Eh bien..... c'est moi. Oui moi, Français, militaire, rompu dans les détails de l'administration, familier avec les grands intérêts de l'Europe, et presque lié d'amitié avec tous les souverains. Ne sont-ce pas là, les conditions que Votre Altesse royale a elle-même posées?

L'Altesse n'en demanda pas davantage. Bernadote se leva brusquement et sortit furieux. Quelques jours après, le prince royal de Suède se présentait à Compiègne au milieu des fidèles royalistes qui entouraient le roi, et de la foule des courtisans du nouveau pouvoir. Il venait assurer Louis XVIII de son dévouement, et lui présenter un des premiers parmi les princes, les hommmages et les félicitations de l'Europe !

III

Après cette digression dont l'intérêt n'échappera pas au lecteur, il nous faut revenir en arrière, et nous reporter à l'époque des négociations de Châtillon.

Plus tard, après les victoires de Napoléon sur Blucher, les alliés proposèrent un armistice. Des conférences s'ouvrirent à cet effet à Lusigny près de Troyes. Dans ces pourparlers, interrompus par les vicissitudes de la guerre et les mouvements des armées, les plénipotentiaires alliés admettent, comme à Châtillon, la conservation de l'empire français, bien qu'amoindri, et ils maintiennent la dynastie napoléonienne.

C'est le prince Wenceslas de Lichtenstein qui avait été envoyé à Napoléon pour demander un armistice. Thiers rapporte que l'Empereur, après avoir reçu avec une satisfaction visible, les compliments du prince au sujet des belles opérations de la campagne, lui aurait demandé « s'il était vrai que plusieurs princes de la maison de Bourbon se trouvaient déjà au quartier général des alliés. » — L'envoyé autrichien se hâta de désavouer toute participation de l'Autriche à des menées contraires à la dynastie impériale, et affirma, ce qui était vrai, que le Comte d'Artois avait été écarté du quartier général.

Cependant la prolongation de la campagne et l'approche des armées étrangères de la capitale, avaient réveillé les espérances des royalistes restés fidèles à la famille de Bourbon. Pour ce petit groupe, isolé au milieu de la masse du peuple qui connaissait à peine de nom les princes de la maison royale, Napoléon n'était qu'un usurpateur, et le moment semblait enfin arrivé, où la France pouvait espérer se replacer sous le sceptre de ses rois légitimes. — Mais comment s'y prendre pour réveiller les sentiments royalistes, dans une nation qui ne connaissait plus le Roi ?

Comment faire pour produire une impression favorable sur ceux qui, demain peut-être, allaient devenir les arbitres des destinées de la France ?

La citation suivante, d'un historien royaliste [1] résume clairement la situation, au point de vue des sentiments de la diplomatie et des généraux des puissances coalisées.

« Ce qui prouve que les Bourbons occupaient fort peu les Alliés, « c'est le mauvais accueil qu'ils firent à nos princes, lorsque « ceux-ci offrirent leur médiation entre leur patrie menacée et « l'Etranger qui s'avançait. Le Comte d'Artois, frère de Louis XVIII, « les ducs d'Angoulême et de Berry, s'étant approchés de la « frontière, les souverains alliés les considéraient comme une gêne, « et auraient voulu les voir bien loin; ils s'étonnaient que ces « princes essayassent de se montrer à la France qui, disaient-ils, « ne se souvenait plus d'eux : ils n'admettaient pas que le vieux « royalisme y eût laissé la moindre trace. Et les actes des souve- « rains alliés étaient d'accord avec leurs sentiments. Ils traitaient « avec Napoléon; il ne s'agissait pas de l'abattre, mais de lui faire « accepter des conditions qui fussent pour l'Europe une sécurité. « Les conférences de Châtillon, où siégeait un plénipotentiaire de « Napoléon, n'étaient pas dirigées contre sa dynastie, mais contre « les excès de sa domination. »

Une manifestation isolée de quelques vieillards avait eu lieu à l'entrée du grand quartier général des alliés à Troyes (8 février). MM. de Gouault et de Widranges n'avaient pas craint de se montrer la cocarde blanche au chapeau, décorés de la croix de Saint-Louis, et de présenter à l'empereur Alexandre une adresse réclamant la restauration des Bourbons. C'était la première manifestation royaliste que les Alliés rencontraient sur leur passage, depuis leur entrée sur le sol français.

Napoléon rentré à Troyes le 24 février, fit traduire le malheureux M. de Gouault devant une Commission militaire qui le

[1] Poujoulat. *Histoire de France* depuis 1814 jusqu'au temps présent. Tome I, p. 19. Paris, Poussielgue, 1865.

condamna à être fusillé comme traître. Des instances pressantes furent faites auprès de l'empereur pour sauver ce vieillard. Napoléon eut l'air de se laisser attendrir, mais la grâce arriva trop tard.

A part l'exaltation patriotique qui régnait encore dans les camps, et que la présence de Napoléon suffisait à entretenir, les historiens s'accordent à constater qu'un grand découragement pesait sur toutes les parties de la France. Les populations étaient fatiguées du régime impérial; les familles épuisées par de continuelles levées qui, par l'anticipation des classes de conscrits, finissaient par atteindre des enfants de 17 à 18 ans, vouaient à l'exécration cet homme qui sacrifiait à sa passion pour la guerre, des générations entières; le commerce était ruiné; les ports abandonnés et déserts. On ne voyait pas la fin de cette situation lamentable entre toutes, avec un homme que son orgueil portait, comme un joueur malheureux, à regagner, en un coup de dé, tout ce que ses fautes et son ambition lui avaient fait perdre.

Ajoutez à ce tableau désespérant les maux innombrables de l'invasion ; la ruine des malheureuses provinces qui servaient de théâtre à cette guerre acharnée; l'insolence des vainqueurs qui se vengeaient des humiliations et des exactions que Napoléon leur avait fait subir pendant près de 18 ans, et l'on comprendra quel immense désir de paix s'était progressivement répandu dans tout le pays.

La proclamation de Schwarzenberg promettait aux Français que les armées alliées qui allaient fouler le territoire de l'empire, observeraient une sévère discipline.

Pendant la première période de l'invasion, les coalisés avaient tenu parole; mais, à mesure qu'ils pénétraient plus avant sur le sol français, la résistance qu'ils trouvaient, l'épuisement des populations, les misères d'une campagne d'hiver, et chez certains corps, la fureur patriotique contre la nation qui leur avait fait sentir si durement la pesanteur du joug étranger, tout cela avait notablement relâché les liens de la discipline.

Les sentiments de vengeance et de représailles étaient surtout répandus dans les corps de l'armée de Silésie. Les Prussiens s'étaient signalés pendant la campagne de 1813, par leur ardeur nationale contre l'oppression napoléonienne. L'exaltation des peuples de la Prusse, humiliée si cruellement depuis Jéna, avait gagné de proche en proche et avait fini par entrainer l'Autriche, presque à contre-cœur, dans la coalition.

La fureur patriotique des troupes prussiennes, dans la « guerre de la délivrance, » comme on l'appelle en Allemagne, a été décrite d'une manière saisissante dans les romans d'Erckmann-Chatrian. L'histoire impartiale signale cette explosion du sentiment national, comme un avertissement aux conquérants, et en fait un honneur pour les peuples qui savent tout sacrifier pour reconquérir leur indépendance perdue. Elle déplore, en revanche, ces exigences, ces vexations cruelles du vainqueur, qui rendent plus lourdes les calamités de la guerre et réduisent au désespoir les populations envahies.

C'est ce qui était arrivé dans la Haute-Marne, dans l'Aube, la Meuse, l'Aisne où des populations entières avaient abandonné leurs habitations pour se réfugier dans les forêts. Des corps de partisans s'étaient formés çà et là, inquiétant les convois de l'ennemi et massacrant les traînards, par représailles des excès de la soldatesque étrangère.

On devine combien cette situation devait peser aux provinces occupées. On réclamait à grands cris la paix, et tout le monde pour ainsi dire, sauf l'armée, était disposé à se rallier autour de celui qui apporterait ce bienfait à la France, quel qu'il fût.

Un courant de ce genre s'était formé à Paris, autour du prince de Bénévent et du duc de Dalberg. L'ex-évêque d'Autun, avec le flair diplomatique qu'il possédait à un si haut degré, comprenait que Napoléon devenait de jour en jour plus impossible, et que sans des victoires éclatantes qu'il n'était plus à même de remporter, il ne pourrait plus se maintenir longtemps en face de l'Europe conjurée contre lui. Sa grande expérience des affaires lui faisait entrevoir que, malgré les préventions de la société nouvelle sortie de la Révolution, contre l'ancien régime, l'avènement des princes de la maison de Bourbon était seul capable de sauver la France de l'anarchie, et peut-être aussi de la convoitise de l'étranger. Napoléon, après avoir refusé la paix quand il pouvait l'obtenir à Prague, non seulement avantageuse, mais grande et digne de la puissance impériale, puis, honorable par les propositions de Francfort, avait amoncelé contre lui et son ambition effrénée des colères implacables que l'Autriche, dont la bienveillance indirecte servait en quelque sorte de contre-poids aux

ressentiments de la coalition, serait impuissante à conjurer.
L'Empire allait s'effondrer sous le poids des fautes du grand
homme qui l'avait fondé. Qui le remplacerait? Car la France, bien
qu'exposée à un amoindrissement inévitable, ne pouvait pas dispa-
raître. Tout bien considéré, c'étaient encore les Bourbons qui,
seuls, pouvaient la réconcilier avec l'Europe.

Louis XVIII, devenu le chef de la Maison de France, passait
pour un prince sage, d'un caractère réfléchi et d'une perspicacité
prudente; un long exil et l'expérience de l'âge devaient l'avoir
mûri, et il ne semblait pas impossible de concilier les droits
héréditaires de la famille de Bourbon avec les conditions dans
lesquelles devait se fonder le gouvernement de la France. Au
despotisme militaire d'un soldat de génie, il fallait viser à
substituer un gouvernement sage, prudent, modéré, présentant
une garantie stable aux libertés publiques, et apportant avec lui,
avec le souvenir des gloires nationales inséparables de la dynastie,
le bienfait inappréciable de la paix et d'une rentrée honorable de
la France dans le concert européen.

Encore une fois, il ne paraissait pas possible qu'une autre combinaison politique pût présenter à la France une pareille somme
d'avantages.

Mais il fallait agir. Le dénouement approchait. Il fallait avoir
une solution prête à offrir à ceux que le sort des batailles allait
constituer arbitres de l'avenir de la France.

La première démarche à tenter était de pénétrer au quartier
général des souverains alliés, et de leur faire connaître et apprécier
les avantages pour la paix européenne du rétablissement des
Bourbons sur le trône de France. « Il est certain, dit Poujoulat,
« que l'Europe de 1814 connaissait fort mal l'état des esprits en
« France; elle pensait que les doctrines révolutionnaires, plus ou
« moins mitigées, y régnaient en souveraines et que l'empire y
« avait pris racine. Si la France avait été ce que croyaient les
« alliés, elle les aurait dévorés. Elle supporta leur présence parce
« que les divers partis considéraient l'invasion comme un évé-
« nement d'où quelque chose de nouveau et de bon pour eux devait
« sortir. Seulement les alliés devaient prendre garde aux lenteurs,
« sous peine de voir le sentiment national soulever inopinément
« contre eux quelque tempête.

« A la vue de ces tâtonnements et de ces ignorances des

« souverains alliés, que de fois, sans doute, dans les rangs du
« parti royaliste on s'était dit : « Qui donc pourrait aller leur
« porter la vérité ? » — Mais quelle mission périlleuse à travers un
« pays occupé par les armées, et au milieu d'une surveillance
« sévère de tous les côtés ! Il fallait être connu et n'être pas
« reconnu ; des lettres pour accréditer un tel envoyé n'étaient pas
« possibles ; il fallait être reçu ; mais comment l'être ? Un homme
« d'esprit, de dévouement et de courage, M. de Vitrolles, accepta
« ou plutôt se donna cette mission. »

Jusqu'à présent, les généraux alliés s'étaient soigneusement
tenus à l'écart de toutes questions de politique intérieure. Il est
vrai qu'ils avaient assez de besogne sur les bras sans se commettre
encore dans les querelles politiques de la France : l'activité admi-
rable de Napoléon tenait, pour ainsi dire en même temps en
haleine la grande armée autrichienne et le fougueux Blucher. Le
duc d'Angoulême, fils du comte d'Artois et neveu de Louis XVIII,
accouru sur la frontière d'Espagne, n'avait pas été reçu par Lord
Wellington « grâce, dit Thiers, aux soins que mettaient les Anglais,
« à écarter de cette guerre toute apparence d'une question de
« dynastie. »

Le 12 mars, le général Beresfort, un des lieutenants de Wellington, était entré à Bordeaux à la tête d'une colonne de troupes
anglaises et portugaises. Après le départ des autorités impériales,
le parti royaliste s'était hâté de faire une démonstration, appuyée
par le haut commerce, impatient de voir enfin les mers ouvertes à
la marine marchande. Le duc d'Angoulême accourut, et Bordeaux
acclama avec enthousiasme la restauration de l'ancienne dynastie.
Le maire Lynch annonça même, dans une proclamation, le rétablissement de la royauté légitime. Selon ce digne magistrat municipal,
si les puissances alliées avaient pris les armes, c'était pour
ramener sur le trône de France, la maison de Bourbon. Mais lord
Wellington, dépositaire scrupuleux de la pensée de la coalition,
n'entendait pas laisser ainsi compromettre la politique des souverains, par des actes inconsidérés dont la responsabilité aurait pu
rejaillir indirectement sur lui. Il écrivit au duc d'Angoulême pour
réclamer contre la proclamation, et protester qu'en occupant par
la force des armes le sol français, les puissances n'avaient eu en
vue aucun intérêt dynastique.

On voit clairement par là, combien peu les cabinets européens étaient portés à compliquer d'une question de dynastie, la solution du redoutable problème qui leur avait mis les armes à la main. Ce que voulaient en premier lieu les puissances, et elles s'en étaient exprimées avec une netteté et une franchise qu'on ne saurait méconnaître, c'était se garantir contre l'ambition envahissante de Napoléon, en enlevant à son vaste empire les territoires que la fortune des armes lui avait livrés. L'indépendance de l'Europe assurée, et la France ramenée aux limites de l'ancienne monarchie, c'était, aux yeux de tout le monde, la condition indispensable de la paix.

IV

On savait le comte d'Artois en Franche-Comté. Débarqué en Hollande avec une petite cour qui grossit en route, il avait remonté le Rhin par la rive allemande et pénétré en France par la Suisse. Il avait tenté de suivre le quartier général dans sa marche en avant. Nous avons vu, par la réponse du prince de Lichtenstein à Napoléon, que cette autorisation lui avait été refusée; bien plus, ses familiers, le comte d'Escars et le comte de Trogoff, envoyés par lui au quartier général, en étaient revenus sans avoir rien obtenu, pas même la permission d'aller lui-même faire valoir ses droits. Le prince s'était arrêté à Vesoul et y vivait assez retiré avec quelques amis de l'émigration, toléré avec bienveillance par le baron d'Andlau qui administrait la Franche-Comté, les Vosges et le Porrentruy, pour le compte des puissances alliées.

Lamartine, dans son *Histoire de la Restauration,* ajoute sur l'isolement du prince quelques détails caractéristiques qui trouvent naturellement leur place ici. Nous les transcrivons pour l'intelligence des documents que nous publions : « Il (le comte d'Artois) « ne devança nulle part l'invasion autrichienne. Les généraux de « cette armée ne lui firent ni obstacle ni concours. Ils le laissèrent « inaperçu entrer comme un simple émigré dans les villes qu'ils « occupaient. Le peuple, intimidé par l'occupation etrangère, ne « s'émut pas sur son passage. Quelques gentilshommes, en petit « nombre et avec une extrême circonspection, accoururent, seule- « ment un à un, des villes et des provinces voisines, pour lui

« présenter leur fidé ité et pour lui offrir des plans renouvelés de
« Coblentz et des populations imaginaires, indifférentes jusque-là
« à son nom. Après un court séjour à Pontarlier, il se rendit à
« Vesoul. Les souvenirs des intrigues douteuses entre Fauche-Borel
« et Pichegru lui faisaient croire que ces départements de la
« Franche-Comté se lèveraient à son approche avec le double
« fanatisme du catholicisme espagnol et du royalisme émigré.
« Le prince fut tristement détrompé dès les premiers pas. On le
« vit passer avec indifférence. Les commandants autrichiens lui
« disputèrent les portes de Vesoul. On ne l'autorisa à y entrer que
« comme simple voyageur. On lui interdit de prendre aucun
« titre qui pût préjuger la question du trône en France. Quelques
« visites reçues dans une hôtellerie de la ville furent le seul accueil
« de la population. Le congrès de Châtillon, qui négociait encore
« avec les plénipotentiaires de Napoléon, refroidissait les âmes et
« faisait la solitude autour d'un prince qui pouvait être roi
« aujourd'hui, mais proscrit demain.

« Il espéra mieux des armées russes qui occupaient la Lorraine.
« Il leur fit demander protection ouverte et appui pour sa cause.
« Les généraux russes éludèrent sa requête. Ils finirent par l'auto-
« riser à venir à Nancy, mais seul, sans cocarde, sans décoration,
« sans titre politique autre que son nom, et à la condition qu'il ne
« logerait dans aucun édifice public. Le comte d'Artois, ainsi
« dénationalisé, se rendit à Nancy. Il reçut l'hospitalité d'un
« simple citoyen de la ville; il établit là un petit centre de négo-
« ciations sourdes avec les généraux des puissances, et des
« manœuvres plus ténébreuses avec les ambitieux mécontents de
« la société de M. de Talleyrand et avec quelques royalistes
« de Paris. »

Dans la Proclamation du 27 janvier 1814, par laquelle le gouverneur
général de la Franche-Comté, des Vosges et du Porrentruy, annonce
aux populations de ces contrées qu'il est chargé de les administrer
au nom des hautes puissances alliées, il n'est parlé que de l'ambition démesurée de Napoléon, de la nécessité d'assurer l'indépendance des nations européennes, sans un mot d'allusion au sort
futur que la coalition réserve à la France. On comprend dès lors
sa réserve vis-à-vis du comte d'Artois, tout disposé à faire usage
des pleins pouvoirs de son frère qui, en attendant le rétablissement
de la royauté, le nommait lieutenant-général du royaume.

Mais cette réserve était, comme on va le voir par la relation de M. de Wildermett, empreinte d'une bienveillance sympathique. Le gouverneur, baron d'Andlau, d'une famille de noblesse allemande vassale de l'évêché de Bâle, détestait la Révolution et le régime impérial, qu'il considérait comme un danger permanent pour la paix européenne. Il avait pour Napoléon une aversion personnelle provenant de ses souvenirs de famille. C'était, en effet, chez le baron d'Ichtersheim auquel était alliée sa sœur, par son mariage avec le baron de Billieux, ancien officier major aux Gardes-Suisses, que l'infortuné duc d'Enghien avait été saisi à Ettenheim, par les soldats du premier Consul, le 15 mars 1804, pour être conduit à la mort dans les fossés de Vincennes. Le souvenir de ce grand forfait, dont la mémoire de Napoléon continue à rester chargée, était encore vivace. De plus, la famille du gouverneur avait souffert des excès de la Révolution. Ses sympathies personnelles le portaient vers le rétablissement de la royauté légitime comme la seule solution compatible avec l'intérêt des puissances alliées et le bien de la France. Il était dès lors tout naturellement disposé, autant que ses fonctions officielles pouvaient le permettre sans compromettre la politique des souverains alliés, à faciliter au comte d'Artois l'accès d'un émissaire au quartier général. On ne pouvait plus songer à dépêcher directement un négociateur royaliste puisqu'une tentative de ce genre avait déjà échoué, et que l'envoyé du comte d'Artois avait été écarté du quartier général. Afin de masquer la négociation, on s'arrêta à l'envoi de M. de Wildermett, préfet de Vesoul, accompagné de l'avocat Delefils, de Porrentruy, ami d'enfance du baron d'Andlau, sous le couvert officiel d'observations verbales à présenter aux ministres, et d'instructions à demander au sujet de la situation difficile faite au gouverneur général par les excès des troupes d'envahissement.

A la faveur de cette mission officielle, et grâce à des signes de reconnaissance particuliers avec certains personnages de l'entourage des ministres, on était assuré, non seulement d'aborder le quartier général, mais encore de pénétrer dans les chancelleries, et peut-être d'obtenir à l'envoyé du comte d'Artois une audience de l'un ou de l'autre des Souverains. La mission de M. de Wildermett se présentait donc sous d'heureux auspices, et l'entourage du prince se promettait un entier succès de cette démarche hasardée en apparence. Le négociateur était bien choisi, français lui-même, puisque sa ville natale, Bienne, avait été réunie à la France en 1798. Ancien administrateur du département du Mont Terrible, appartenant à une famille patricienne biennoise, il avait des relations étendues, surtout en Prusse. Ses connaissances administratives l'avaient désigné pour le poste de préfet de la Haute-Saône, pendant l'occupation étrangère. Le rapport qu'on va lire témoigne de ses aptitudes diplomatiques. Au courant de la pensée intime du comte d'Artois, ayant pu se rendre compte par lui-même des sentiments de la population dans les provinces occupées, et de l'immense désir de paix qui se faisait sentir partout; adversaire déclaré du despotisme impérial, porté par ses opinions, ses traditions de famille, et les institutions de sa ville natale, vers le régime représentatif, qu'il considérait comme une condition essentielle de la restauration de la monarchie bourbonnienne en France, il pouvait se présenter au quartier général, non comme un émissaire sans mandat avoué, envoyé pour sonder les intentions des cabinets étrangers, et se rendre compte d'une situation absolument inconnue, mais comme le mandataire direct d'un prince que les événements pouvaient rapidement pousser au premier rang, ayant qualité pour concerter avec les représentants de l'Europe les bases des nouvelles institutions, sur lesquelles s'appuierait la restauration de la royauté en France. Pour réussir dans une pareille mission, il fallait non seulement un négociateur habile et convaincu, versé dans les questions qu'il était chargé de traiter avec les représentants les plus éminents de la diplomatie européenne, mais encore un homme hardi, énergique, disposé à sacrifier sa vie au succès de sa mission. Cette éventualité pouvait fort bien se présenter. Ce n'était pas chose facile en effet que de traverser les armées en campagne, et de pénétrer, au mi ieu des hasards de la guerre, jusqu'au quartier général des souverains. Et puis, qu'arriverait-il si on était pris par les soldats de Napoléon ? Le comte d'Artois s'était engagé, en cas de malheur, à se charger de la famille de M. de Wildermett.

Il va sans dire que le négociateur du comte d'Artois ne pouvait emporter d'instructions écrites. Il n'avait avec lui qu'une lettre de créance du Prince pour le prince de Metternich datée du 9 mars 1814. C'était presque trop, au cas où l'on serait enlevé par les coureurs de l'armée française.

M. de Wildermett partit de Vesoul le 13 mars au soir. On voyageait alors forcément à petites journées. Dans l'après-midi du 14, il était à Chaumont, où il eut l'occasion de se concerter avec le comte de Bombelles, émigré français attaché au cabinet du prince de Metternich. Le 15, il partit pour Bar-sur-Aube, où il pensait trouver le prince. Il fallut pousser jusqu'à Troyes pour le rejoindre. On n'y arriva que le 17. Le lendemain 18 mars, M. de Wildermett était reçu par l'Empereur Alexandre chez lequel il s'était fait introduire par le prince Wolkonski. Malheureusement l'envoyé du comte d'Artois ne dit rien de précis sur cette entrevue : il se contente de mentionner dans son rapport la faveur de l'audience impériale. Il eût été cependant intéressant pour l'histoire, de connaître les sentiments du czar à cette époque-là, et de savoir ainsi s'il avait déjà reçu les ouvertures de M. de Vitrolles, le seul agent royaliste connu jusqu'à présent pour avoir négocié la restauration de la maison de Bourbon avec la diplomatie des souverains alliés. Le silence de M. de Wildermett nous autorise cependant à admettre que, jusque-là, l'empereur Alexandre n'avait point encore eu connaissance de la mission de M. de Vitrolles. Il ne parait pas probable en effet, qu'il aurait caché à l'envoyé du comte d'Artois l'arrivée au quartier général d'un autre négociateur de la restauration bourbonnienne, dépêché de la capitale même, par le parti royaliste et les transfuges du régime impérial. Une nouvelle de cette importance, si Alexandre la connaissait alors, nous paraîtrait avoir nécessairement dû faire partie de l'entretien.

A Troyes, M. de Wildermett eut une audience du prince de Hardenberg, grand chancelier du roi de Prusse : les détails qu'il donne sur cette entrevue concordent entièrement avec ce que l'histoire connaît des sentiments de la Prusse. On y voit clairement qu'indépendamment de la réserve à laquelle étaient tenus les cabinets jusqu'à la rupture des négociations de Châtillon, puisqu'on y délibérait avec le plénipotentiaire de l'empereur Napoléon, les diplomates étrangers ne songeaient pas du tout à s'engager dans une combinaison dynastique, avant d'avoir recueilli les manifestations de l'opinion en France. Or, à l'exception peut-être des provinces du Midi et de l'Ouest, où les sentiments royalistes se réveillaient sous la pression des signes précurseurs de la chute de l'Empire, l'opinion n'avait aucun moyen de se faire jour dans les départements non encore occupés, comprimée qu'elle était sous la main de fer de la police impériale. Dans les provinces envahies, que pouvait faire le peuple, courbé sous les dures nécessités de l'occupation étrangère !

Le prince de Metternich étant parti pour Bar-sur-Seine, l'envoyé du comte d'Artois se hâta de se rendre dans cette ville. Le moment était des plus favorable. Le congrès de Châtillon venait de se séparer le 19 mars. Cet événement rendait aux cabinets toute leur liberté d'action, surtout en ce qui touchait la question dynastique. Aussi, le prince de Metternich ne manqua-t-il pas de faire observer à son interlocuteur, que, tandis que l'on traitait à Châtillon avec l'empereur Napoléon, il ne pouvait être question d'écouter les propositions de la maison de Bourbon.

L'entrevue laissa le négociateur plein d'espoir pour le succès final de sa mission. Il comptait sur une seconde audience. Mais, un incident qui décida du sort final de la campagne, rejeta l'empereur d'Autriche avec son cabinet sur Dijon. On avait intercepté les dépêches de la régente Marie-Louise, du roi Joseph et du ministre de la police Savary à Napoléon, dans lesquelles se reflétaient les craintes du gouvernement devant une manifestation royaliste imminente, éclatant à l'improviste, comme conséquence de l'approche des armées ennemies devant la capitale. Ces renseignements avaient déterminé la marche sur Paris [1], et dès le 25, tous les corps de la grande armée de Bohême et de l'armée de Silésie s'ébranlaient dans la direction de la capitale de l'empire. Schwarzenberg ne laissait, pour observer et harceler Napoléon, qu'un petit corps de quelques milliers d'hommes commandés par Wintzingerode.

Le quartier général de l'empereur François partit de Bar-sur-Aube le 24, et arriva le 26 à Dijon. M. de Wildermett fut reçu une seconde fois par le prince de Metternich, qui lui annonça que les bonnes nouvelles avaient contribué à tout terminer et que dans la soirée il recevrait ses instructions. Le prince avait ajouté : « Vous

---

[1] Selon DULAURE (*Histoire des Cents jours et de la Restauration.* Paris, 1845) les Alliés se seraient décidés à marcher sur Paris, ensuite d'un billet de Talleyrand apporté par M. de Vitrolles, laissant entrevoir que tous les moyens de résistance seraient paralysés. Ce que nous avons dit des difficultés de ce qu'on a trop complaisamment appelé « la conspiration royaliste » suffit à faire apprécier l'exagération de ce renseignement. Thiers, dont l'impartialité n'est pas contestable et qui n'écrit que sur des documents et des renseignements sûrs, ne sait rien de cet incident pourtant si caractéristique.

« partirez demain soir avec le comte de Bombelles pour vous
« rendre ensemble auprès de Monsieur. » Cette adjonction imprévue
d'un tiers dans la remise du message des cabinets ne souriait qu'à
demi au négociateur : il prévoyait déjà que ce grand personnage
n'interviendrait que pour diminuer la valeur de son ambassade,
sinon pour lui en enlever complètement le mérite. Il s'en ouvrit
au chancelier de Hardenberg dont le bienveillant appui ne lui
avait pas fait défaut pendant le cours de la négociation. Le
chancelier le rassura en lui disant toutefois que sa mission auprès
du comte d'Artois devait se faire conjointement avec M. de Bombelles, sans doute afin de lui donner la consécration de l'assentiment
public des cabinets.

Les instructions données à M. de Bombelles se résumaient aux
conditions suivantes, que les cabinets mettaient à la restauration
de a maison de Bourbon sur le trône de France :

1° Louis XVIII serait roi constitutionnel. Il élaborerait une
constitution ;

2° Le roi ratifierait les ventes de biens nationaux consommées
pendant la révolution ;

3° La liberté et le libre exercice des cultes seraient maintenus ;

4° La dette publique serait garantie et l'administration actuelle
conservée.

On verra plus loin dans le rapport de M. de Wildermett quelques
conséquences spéciales de ces conditions. Le comte d'Artois était
autorisé à lancer une proclamation aux Français dans ce sens.

Le négociateur du comte d'Artois partit de Dijon avec M. de
Bombelles le 30 mars, jour de la capitulation de Paris. Pendant le
voyage, il n'eut plus à se méprendre sur la portée du rôle secon-
daire qu'il jouait désormais. M. de Bombelles était bien réellement
l'ambassadeur officiel des cabinets. Aussi, à son arrivé à Nancy où
s'était porté le comte d'Artois, l'attaché autrichien trouva-t-il le
moyen de devancer d'une demi-heure son compagnon de voyage,
pour remettre ses dépêches au Prince. *Sic vos non vobis !*

M. de Wildermett était néanmoins porteur d'une lettre particu-
lière du chancelier autrichien à Monsieur. Le négociateur eut le
loisir de lui donner verbalement les détails particuliers intéresant
sa mission.

Le rapport fait mention des services de M. Delefils dans cette
circonstance, de la manière la plus élogieuse. Nous y relevons le

passage suivant : « C'est rendre hommage à la vérité que d'assurer
« Votre Altesse Royale, qu'un Français n'aurait pas pu montrer
« plus de dévouement et de persévérance, que ne l'a fait le brave
« Suisse que j'ai eu l'honneur de présenter à Votre Altesse Royale. »

Il résulte clairement de ce passage que, déjà à cette époque, le
sort de l'évêché de Bâle, dont étaient ressortissants M. de Wildermett et son secrétaire M. Delefils, était arrêté dans les conseils de
la Coalition, et que ce pays définitivement détaché de la France
était destiné à faire partie de la Confédération suisse.

V

Nous avons dit que jusqu'à présent, l'histoire n'a connu qu'un
seul négociateur royaliste agissant auprès des cabinets étrangers
en vue de la restauration de la royauté en France. M. de Vitrolles,
gentilhomme Dauphinois, caractère ardent et énergique, royaliste
convaincu et militant, avait été choisi par Talleyrand et le duc de
Dalberg, pour renseigner le quartier général des Alliés sur l'état
de l'opinion en France, et faire comprendre aux cabinets que le
moment était venu d'appuyer les manifestations royalistes que l'on
pourrait provoquer à peu près partout, tant la France était fatiguée
des guerres sans fin, suscitées par l'insatiable ambition d'un seul
homme.

Il n'était certes pas facile, depuis Paris, de traverser les lignes
des armées belligérantes et de pénétrer jusqu'au quartier général
de la grande armée d'invasion. M. de Vitrolles [1] l'essaya et réussit
dans cette entreprise pleine de périls. Avec des signes particuliers
de reconnaissance que le duc de Dalberg lui procura pour le comte
Stadion, attaché à la chancellerie du prince de Metternich, l'émissaire royaliste se mit en route pour Chatillon. Il promettait
verbalement l'appui de Talleyrand : le grand diplomate n'avait
naturellement pas voulu se compromettre par des instructions

---

[1] Le baron de Vitrolles était inspecteur général de l'agriculture, et de
plus attaché à l'administration des messageries. Dulaure dit qu'on le fit
partir sous prétexte d'assurer le service des messageries sur la ligne de
Lyon par le Bourbonnais ; « il emportait de plus, selon cet auteur, le cachet
du conspirateur en chef, comme signe de ralliement. »

écrites. Mais dans la circonstance, la coopération d'un homme aussi bien posé que lui dans la diplomatie européenne était inappréciable et il n'y avait qu'à appuyer son action souterraine.

Il est remarquable que M. de Vitrolles partit de Paris le 9 mars, le jour même où le comte d'Artois signait à Vesoul une lettre de créance à M. de Wildermett pour le prince de Metternich. Ainsi, de deux points de la France, les partisans de la restauration des Bourbons, sans avoir pu concerter leur action (la chose n'eût pas été humainement possible), envoyaient en même temps des émissaires à la diplomatie européenne, pour préparer les voies au rétablissement de la royauté capétienne.

La mission de M. de Vitrolles fut peut-être prématurée, au moins en apparence, car elle se produisait pendant la période des négociations de Chatillon, et ne pouvait évidemment avoir d'effet immédiat.

Mais elle pouvait au moins servir à renseigner exactement les cabinets sur l'existence d'un parti royaliste dont ils n'avaient pas le moindre soupçon, et les amener progressivement à l'idée de cesser de traiter avec Napoléon, en cherchant autre part une solution qui paraissait également avantageuse à leurs principes et à leurs intérêts, comme au bien de la France. On fit au négociateur un accueil bienveillant, mais on ne pouvait encore songer à lui donner, avant la rupture des négociations de Chatillon, aucun espoir et surtout aucune assurance. Il apportait des renseignements intéressants dont on pouvait se servir à l'occasion. Ces renseignements étaient écoutés avec attention, avec intérêt même; mais là devaient se borner les premiers entretiens. Nous avons vu que M. de Wildermett arrivait, lui, au bon moment, c'est-à-dire à l'époque précise de la dissolution du congrès de Chatillon.

Les historiens qui ont traité cette partie de l'histoire de la Restauration, sont en général peu précis sur les détails de la première phase de la mission de M. de Vitrolles. Il faudrait recourir aux Mémoires particuliers, pour préciser exactement l'époque à laquelle l'émissaire de Talleyrand obtint des cabinets alliés l'autorisation de poser la question royaliste en France. Une seule chose est certaine, c'est que M. de Vitrolles, accueilli par la diplomatie de la Coalition, lorsqu'enfin elle devint libre de ses allures, avec un empressement qu'expliquent suffisamment les patrons dont s'autorisait l'agent royaliste, se dirigea sur Nancy, où le comte d'Artois venait de porter sa résidence, afin de concerter avec lui l'action du parti, et lui faire rapport de ce qu'il avait vu et entendu au quartier général des souverains.

Les événements marchaient vite alors. Chaque jour pouvait amener un changement de position, ou même provoquer un revirement inattendu dans les allures des cabinets. Il fallait absolument s'organiser, et être prêt à agir quand arriverait le moment favorable de faire entrer en scène un parti royaliste. Quand M. de Vitrolles revint sur Paris, porteur des instructions verbales du comte d'Artois et de sa pensée secrète, la marche en avant sur la capitale était décidée et il ne put joindre le quartier général. Bien plus, il fut enlevé avec M. de Wessenberg, diplomate autrichien, par la cavalerie légère du général Piré, le 25 mars [1]. Heureusement pour lui, l'agent royaliste ne fut pas reconnu, ni même soupçonné. M. de Caulaincourt, l'infatigable et dévoué négociateur de Napoléon au congrès de Châtillon, sut persuader à son maître de profiter de cette capture pour tenter de nouvelles négociations. M. de Wessenberg fut remis en liberté, porteur d'ouvertures pour M. de Metternich. M. de Vitrolles qui passait pour son domestique échappa une seconde fois.

Après l'entrée des armées alliées à Paris, c'est encore M. de Vitrolles qui fut chargé par le gouvernement provisoire de porter à Monsieur, qui prit dès lors le titre de lieutenant général du royaume, les vœux du gouvernement, et d'organiser l'entrée solennelle du Prince à Paris : cet événement eut lieu le 11 avril.

Les historiens de la Restauration ont beaucoup insisté sur la mission de M. de Vitrolles à laquelle la suite des événements a

---

[1] L'esprit de parti n'a pas manqué de travestir la mission de M. de Vitrolles en l'agrémentant de détails controuvés. Un écrivain républicain, Dulaure, *Histoire des Cents jours et de la Restauration*, dit « qu'au moment où les Alliés étaient près de se mettre en route, Vitrolles avait apporté à l'empereur Alexandre un billet de Talleyrand ainsi conçu : « Vous pouvez tout, et Vous n'osez rien ; osez donc une fois. » Le laconisme obligé de ce billet n'embarrassa aucun des chefs de la coalition. » Ce passage est en contradiction avec la capture de M. de Vitrolles, revenant de Nancy, selon Thiers. L'historien du Consulat et de l'Empire a eu à sa disposition les Mémoires de M. de Vitrolles, publiés depuis lors : il dit lui-même qu'ils lui ont servi dans la composition de son récit. Il n'est donc pas admissible qu'il ait passé sous silence un incident de cette importance, s'il s'était réellement produit.

donné une importance prédominante. On attribue à son activité
intelligente, à son audace et à son savoir-faire, une part exception-
nelle dans la restauration de la maison de Bourbon. Il paraît certain
que la mission de M. Wildermett n'a été connue d'aucun d'eux;
car on n'en trouve trace dans aucun ouvrage, pas même, à notre
connaissance, dans les Mémoires particuliers qui ont été publiés
depuis lors. Peut-être aussi, aura-t-elle pu être oubliée au milieu
de la confusion, de l'agitation et du chaos d'intrigues qui ont
signalé les derniers jours de l'Empire et le laborieux enfantement
de la Restauration. M. de Vitrolles était d'ailleurs plus en vue.
Gentilhomme très connu de l'ancienne noblesse, soldat de l'armée
de Condé, envoyé directement par Talleyrand qui tenait tous les
fils de l'intrigue, ayant négocié le retour de la monarchie bourbonnienne au milieu des camps et du retentissement des batailles, il
avait encore l'avantage de se trouver au succès final, et de jouir du
renversement de l'Empire et du rappel de l'ancienne dynastie,
comme d'une œuvre dont il pouvait s'attribuer une large part.
En temps de révolution c'est beaucoup, c'est tout, de pouvoir
défendre par soi-même son œuvre, et de porter présence pour tirer
les avantages d'une situation, toujours recueillis par les présents
aux dépens des absents.

Le républicain suisse que le baron d'Andlau avait désigné au
comte d'Artois pour porter la cause des Bourbons devant les
souverains alliés, n'avait ni le lustre, ni même la notoriété de son
collègue; il ne s'autorisait point du patronage de personnages
politiques considérables, qui se préparaient à devenir les arbitres
de la nouvelle situation à Paris, et qui le sont réellement devenus.
Il n'avait pu que rendre compte à la hâte, au lieutenant général
du royaume, des dispositions favorables qu'il avait trouvées au
quartier général, et de la quasi-certitude de l'appui des grandes
puissances à la cause de la restauration royaliste.

Mais, qui pensait encore à l'obscur négociateur biennois dans sa
préfecture de Vesoul, lorsque le comte d'Artois fit à Paris son
entrée triomphale, ralliant autour de sa personne les maréchaux et
les serviteurs de Napoléon !

Assurément, il avait rempli sa délicate et périlleuse mission
avec intelligence, sagacité et courage. On n'en doutera point, à la
lecture de son rapport et du Mémoire qui l'accompagne.

Le dépôt fait en 1821 aux Archives de l'Etat de Berne par M. de

Wildermett, de la copie authentique du Rapport que nous publions, ainsi que du Mémoire aux ministres plénipotentiaires des Puissances alliées, nous laisse presque supposer que le gouvernement de la Restauration n'aurait pas récompensé à sa valeur, le dévouement et le talent réel que le négociateur du comte d'Artois avait mis au service de la cause des Bourbons.

Nous sommes à cet égard sans renseignements bien certains.

On connaît cependant avec quel soin jaloux le roi Louis XVIII défendait son autorité contre les entraînements de son frère. La petite cour du comte d'Artois, où se retrouvaient tous les vieux débris de l'émigration et de l'armée de Condé, était sans grande influence sur un roi qui ne brillait pas par les qualités du cœur, et chez lequel les froids calculs de la politique avaient seul accès. La recommandation du comte d'Artois en faveur d'un étranger passablement inconnu, venant disputer à des personnages bien posés, des mérites qu'ils n'étaient pas d'humeur à partager avec d'autres, devait nécessairement être accueillie avec peu d'empressement.

De septembre 1814 au débarquement de Napoléon à Cannes, le 1ᵉʳ mars 1815, il n'y a qu'un intervalle de six mois, pendant lesquels le gouvernement de la Restauration absorbé par la reconstitution de l'administration et les incidents journaliers de la politique, n'avait pas le loisir de s'occuper du citoyen de Bienne qui avait si chaleureusement défendu sa cause devant les ministres et les monarques alliés.

Après la chute définitive de Napoléon et le rétablissement de Louis XVIII sur le trône de France, la seconde Restauration avait bien autre chose à faire qu'à s'occuper de M. Wildermett. Il ne paraît pas non plus que ce dernier ait demandé et obtenu des lettres de naturalisation en France.

Quoiqu'il en soit des motifs qui ont engagé l'ancien négociateur du comte d'Artois à déposer aux Archives de Berne une copie des pièces justificatives de cet épisode vraiment attachant des origines de la restauration des Bourbons sur le trône de France, il est incontestable que cette négociation fait le plus grand honneur à notre compatriote, et qu'il a déployé dans le cours de sa délicate mission une sagacité remarquable et des talents diplomatiques t.. ..s réels.

M. de Wildermett doit désormais prendre rang dans la galerie des hommes remarquables qu'a produits le Jura bernois. Il se passera sans doute bien du temps, avant qu'un de nos compatriotes soit chargé d'une mission analogue auprès des représentants de l'Europe.

Si, d'autre part, on laisse au second plan la personne du négociateur, pour ne considérer que la mission qu'il a remplie, il n'en est pas moins vrai que la découverte des documents enfouis aux Archives de Berne, est de nature à éclaircir un point très important de l'histoire de France. Les détails sur le séjour du comte d'Artois à Vesoul et l'état des esprits dans la Franche-Comté, sont du plus haut intérêt. Mais ce qui est particulièrement intéressant, c'est l'état d'abandon dans lequel la diplomatie européenne laissait les princes de la Maison de Bourbon, et le discrédit dans lequel elle tenait leur cause, aussi longtemps qu'elle a conservé l'espoir de s'arranger avec Napoléon.

Il est manifeste, et le Rapport de l'envoyé du comte d'Artois en fournit la preuve décisive, que les cabinets des Puissances alliées n'avaient aucune confiance dans la vitalité des souvenirs que les Bourbons pouvaient avoir laissés dans l'esprit du peuple français : ils ne croyaient pas à la possibilité de provoquer un mouvement de l'opinion en leur faveur, et hésitaient à leur donner, avant que les populations se fussent prononcées, un appui qui aurait pu rejaillir d'une manière désagréable sur leur politique.

Il est certain qu'un Suisse, venant plaider la cause des Bourbons avec une impartialité qu'on ne pouvait s'attendre à trouver dans un gentilhomme français, attaché par intérêt et par tradition de famille et de caste à l'ancienne monarchie, devait produire chez les diplomates autrichiens, prussiens et russes, une vive impression, quand il affirmait que les princes de Bourbon n'étaient point oubliés en France, et que l'opinion populaire se déclarerait en leur faveur, dès qu'on pourrait voir et constater, que loin d'être repoussés par l'Europe coalisée contre l'ambition de Napoléon, l'Europe les accueillait comme le gage le plus sûr de la paix européenne.

Certes, le négociateur du comte d'Artois arrivait au bon moment. Mais ne résulte-t-il pas, non seulement des circonstances dans lesquelles se produisit la mission, mais encore de la manière dont l'envoyé légitimiste sut plaider sa cause devant la diplomatie européenne et les Souverains alliés, qu'il eut une partie assez considérable dans le retour d'opinion qui finit par amener les

Puissances à se départir de leur méfiance si accentuée à l'encontre des princes de la famille royale ? — Nous croyons que le lecteur n'en doutera plus, après avoir lu attentivement les pièces justificatives que nous publions.

Il est fâcheux que le Rapport de M. Wildermett ne dise rien de son entrevue avec l'empereur Alexandre Ier. Il est probable qu'après avoir gagné son auguste interlocuteur à la cause de la restauration de la monarchie en France, le citoyen de Bienne aura cherché à intéresser le Czar au sort futur de l'évêché de Bâle, virtuellement détaché de l'empire français depuis le commencement de l'invasion, le 23 décembre 1813. S'il a été question de la destination à donner à ce pays, dans l'audience accordée à M. de Wildermett par le Czar, c'est assurément dans le sens de la reconstitution de la principauté de Porrentruy, sous le sceptre du prince-évêque de Bâle, ou tout au moins, de la création d'un canton suisse sous la suzeraineté de ce prélat, et vraisemblablement aussi de la reconnaissance de l'indépendance de sa ville natale [1]. Les rapports du préfet de Vesoul avec le gouverneur général de la Franche-Comté, baron d'Andlau, autorisent pleinement les deux premières hypothèses.

Assurément, cette partie supposée de l'entretien avec le czar ne pouvait trouver place dans un Rapport officiel au comte d'Artois, uniquement consacré à la négociation dont était chargé le préfet de Vesoul, en vue de gagner les souverains alliés à la restauration de la Maison de Bourbon sur le trône de France.

On peut regretter que l'envoyé suisse n'ait pas laissé dans des mémoires particuliers les détails de cette entrevue, avec celle des Souverains de l'Europe coalisés, qui a exercé l'influence la plus considérable sur la politique d'alors. Tels qu'ils sont, les documents que nous publions ont encore une importance incontestable pour l'histoire de France.

C'est à ce titre que nous pouvons en recommander la lecture attentive à tous ceux qui s'intéressent au développement des études historiques, et aiment à trouver dans l'histoire toute la vérité.

---

[1] La ville de Bienne, réunie à la France en 1798, faisait, dès le début de l'invasion du territoire français par les armées coalisées, de grands efforts pour reconquérir son ancienne position dans la Confédération suisse. Ses délégués avaient obtenu du maréchal de Schwarzenberg, lors de son passage à Bâle, une exemption des charges de guerre, qu'elle ne manqua pas d'interpréter comme une reconnaissance de son indépendance.

RAPPORT

de Monsieur de Wildermeth, de Bienne, à Son Altesse Royale **Monsieur,**
*sur la mission dont elle l'a chargé près de Son Altesse le prince de
Metternich, et des ministres plénipotentiaires des Hautes Puissances
alliées, le 9 mars 1814.*

MONSEIGNEUR !

J'ai l'honneur de rendre compte à Votre Altesse Royale des démarches
que j'ai faites pour remplir la mission dont elle a daigné me confier le
soin, ainsi que du résultat de mes négociations.

Je prendrai la liberté d'ajouter des détails qui peuvent présenter
quelque intérêt au moment où des relations officielles entre l'auguste
Maison de Bourbon et les autres Cours de l'Europe se rétablissent. Ces
détails auront pour objet de donner des notions sur l'esprit qui animait
les divers cabinets dans la cause de la Maison de Bourbon, avant qu'une
résolution fût prise à cet égard. A l'époque où les armes des hautes
puissances alliées venaient de faire un mouvement rétrograde, qui porta
le quartier impérial de Troyes à Chaumont, Votre Altesse Royale me
chargea de voir le prince de Metternich pour tenter de l'engager à renouer
officiellement des rapports diplomatiques, et pour juger jusqu'à quel point
l'auguste Maison de Bourbon pouvait concevoir des espérances à ce sujet.

Votre Altesse Royale, en me faisant l'honneur de me confier cette
importante mission secrète, ne me revêtit d'aucun caractère diplomatique.
Elle me remit une lettre de créance pour le prince de Metternich, qui me
donnait une entière latitude. Je crois utile de la rapporter textuellement,
afin que si Sa Majesté daigne jeter un coup d'œil sur mon travail, elle
puisse mieux juger ma conduite. — La lettre de créance porte :

*Je prie le prince de Metternich de prendre une entière confiance dans
tout ce que Monsieur de Wildermeth lui dira de ma part.*

Vesoul, le 9 mars 1814.

(Signé en original) : CHARLES PHILIPPE.

La difficulté, pour être admis à l'audience du prince de Metternich, consistait à trouver, en qualité de commissaire autrichien, attaché au gouvernement de Son Excellence, Monsieur le baron d'Andlau-Birseck, un prétexte plausible qui me donnât un titre pour être présenté au prince. Son Excellence le baron d'Andlau, qui avait déjà donné des preuves signalées de son entier dévouement à Votre Altesse Royale, en lui facilitant son séjour à Vesoul, sans consulter la responsabilité qu'il pouvait encourir, et sans connaître à cet égard les intentions du cabinet autrichien, imagina le moyen d'une mission ostensible pour couvrir d'un voile la mission secrète. Il trouva l'heureuse idée de me charger de rendre compte au prince de Metternich, de l'effet dangereux que les ravages de la guerre et les excès commis par les troupes avaient produit sur l'opinion publique, d'où il induisait, par une juste conséquence, la nécessité de remettre les Bourbons sur le trône. Ceci amenait à l'ouverture de la mission secrète.

Les instructions verbales, que Votre Altesse Royale me donna, portaient substantiellement d'engager le prince de Metternich à épouser la cause légitime de l'auguste Maison de Bourbon, en la lui faisant considérer sous son vrai jour, comme le moyen unique et certain qui pourrait ramener une paix durable en Europe ; qu'en ceci, les princes n'étaient pas guidés par des vues intéressées, mais par la seule pensée que leur rétablissement produirait une pacification générale. Et Votre Altesse Royale ajouta de faire auprès des autres ministres tout ce que les circonstances pourraient exiger, sans correspondre par écrit à ce sujet.

Je suis parti le *13* mars au soir de Vesoul, avec M. de Delfis, de Porrentruy ; il avait une mission qui avait trait à l'évêché de Bâle [1]. J'arrivai le *14*, à trois heures après midi, à Chaumont, le prince de Metternich venait de partir pour suivre le quartier général. M. de Delfils apprit que le 10 les puissances alliées avaient donné à Napoléon un délai fatal de cinq jours, pendant lesquels il devait accepter ou rejeter les dernières propositions de paix entre elles et lui.

Je trouvai encore à Chaumont M. le baron de Krufft et M. le comte de Bombelle, ce dernier chambellan de Sa Majesté l'empereur d'Autriche, et tous les deux attachés particulièrement au cabinet de Son Altesse le prince de Metternich. Pour obtenir plus facilement accès auprès du prince, et ayant appris la confiance que le prince avait dans le comte de Bombelle, je prolongeai mon séjour à Chaumont et m'entretins assez longtemps avec lui sur ma mission apparente, pour pouvoir juger son

---

[1] Cette mission devait tendre à la distraction de ces pays du territoire français, et à leur administration provisoire, en attendant que leur sort fût fixé.

M. Delefils était l'ami personnel du gouverneur d'Andlau, et comme lui, adversaire du régime impérial, en même temps que partisan zélé de la restauration du prince-évêque de Bâle.

opinion relativement à la cause légitime ; elle ne me parut pas douteuse, et sachant qu'il était Français, je résolus de lui faire l'ouverture de ma mission secrète avec circonspection, et sur parole de garder le secret, afin de savoir par lui comment elle pourrait être accueillie par le prince de Metternich, et de quelle manière je devais la présenter. Le comte de Bombella me dit que tout dépendait de la situation dans laquelle seraient les négociations de Châtillon, que je pouvais m'ouvrir franchement au prince de Metternich. Il eut la complaisance de me remettre une lettre pour le baron de Binder, qui l'engageait d'une manière pressante à m'introduire de suite chez le prince.

Je partis le *15* pour Bar-sur-Aube, le prince était déjà à Troyes, où je n'arrivai, faute de chevaux, que le *17* au matin. Je me rendis de suite chez lui, je le rencontrai, et lui remis la dépêche du baron d'Andlau, il me fixa l'audience au lendemain, onze heures du matin. Je fus renvoyé à six heures du soir : nouveau renvoi à onze heures du matin suivant. Connaissant, par des rapports de ma famille, le prince Pierre de Wolkonski, chef de l'état-major de l'empereur de Russie, et son aide de camp de confiance, instruit d'ailleurs de l'opinion bien prononcée de ce souverain pour la cause des Bourbons, je me rendis chez le prince, et m'ouvris à lui. J'eus lieu de m'en féliciter et vu l'intérêt non équivoque qu'il prenait à la réussite de ma mission, il me conseilla de mettre dans le secret Son Excellence le chancelier d'État, baron de Hardenberg, qu'il me représenta comme l'intime du prince de Metternich ; il ajouta que ma mission pouvait être accueillie favorablement, d'après la tournure que prenaient les négociations de Châtillon. Il me félicita d'être chargé d'une mission aussi intéressante, et dont la réussite formait l'objet des vœux de l'empereur de Russie. J'ai eu, le *18*, une audience secrète de l'empereur de Russie, dont je ne peux rendre compte que verbalement, ainsi que de bien d'autres faits intéressants.

J'avais à répondre à une lettre que Son Excellence le baron de Hardenberg m'avait fait l'honneur d'écrire ; elle avait trait à un ordre du roi, pour me donner de l'emploi à son service dans le département des affaires étrangères, conformément à la grâce que j'avais demandée à Sa Majesté. Cette circonstance, jointe aux relations que ma famille a eu l'honneur d'avoir avec la Cour de Prusse, me facilita l'ouverture avec ce ministre. Je fus très bien reçu et de suite admis à son audience. Je lui fis part qu'ayant une mission secrète pour le prince de Metternich, et ne pouvant obtenir audience depuis deux jours, je désirais m'en ouvrir confidentiellement à lui, avec d'autant plus de raison que l'affaire par sa nature devait nécessairement lui être communiquée. Il m'écouta avec une profonde attention, et je lui parlai à peu près dans ces termes :

« Je suis chargé par Son Altesse Royale, **Monsieur**, de me rendre auprès du prince de Metternich pour savoir si l'on pourrait rétablir des relations diplomatiques entre l'auguste Maison de Bourbon et les Hautes

Puissances alliées. » Je lui montrai ma lettre de créance, et remarquai combien l'intérêt qu'il y prenait était vif : « La Maison des Bourbons se « présente comme pouvant faciliter la pacification de l'Europe, aucune « pensée d'ambition ne la guide. Mais l'unique espoir de Son Altesse « Royale est de rallier tous les partis en France, et de terminer par ce « moyen les maux de la guerre, et particulièrement ceux dont le peuple « français est la victime. Vingt-trois années de vie privée ont fait apprécier « à ce prince le valeur réelle des grandeurs humaines et les charges du « trône. Elle offre comme lieutenant général du royaume, nommé par le roi « son frère, 1° de faire la paix aux conditions auxquelles on voulait « l'obtenir de Napoléon ; 2° de n'opérer dans la Constitution française « actuelle d'autres changements que ceux que l'on jugerait nécessaires, « et qui tendraient à donner une tranquillité plus assurée à l'Europe ; « 3° de faire, relativement aux domaines nationaux, au divers corps de « l'État et à toutes les personnes en place, les déclarations qui seraient « les plus convenables. » Je ne parlai ni du culte, ni de la dette publique, ne connaissant point à cet égard les intentions de Monsieur. Je dis que Son Altesse Royale, Monsieur, m'avait autorisé d'offrir, que Son Altesse le prince de Metternich présentât un écrit relatif à Marie-Louise pour fixer son sort, qu'il le signerait, sans le lire.

« Que Monsieur demandait, pour pouvoir agir 1° d'être autorisé à faire, une proclamation appuyée de celle des hautes puissances alliées ; 2° de faire arborer la cocarde blanche dans tous les pays du royaume de France occupés par les armées alliées ; 3° d'avoir une garde d'honneur de chacune des Hautes Puissances alliées en témoignage, aux yeux du peuple, de leur consentement unanime à la proclamation de Louis XVIII ; 4° de l'argent, des bons des puissances, ou l'administration de quelques provinces pour solder ses troupes salariées, ses employés et représenter honorablement son faste ; 5° de pouvoir ouvrir dans tous les départements des registres de recrutement, et de recruter même en Suisse ; 6° le pouvoir de se transporter partout où il le jugerait convenable à ses intérêts ; 7° le pouvoir de se faire représenter près des Hautes Puissances alliées ; 8° de sommer les places fortes assiégées à se rendre à Louis XVIII. »

Je fis sentir combien il était urgent d'arrêter, par des mesures de discipline sévères, les troubles qui fomentaient et les rassemblements qui se formaient dans les bois, afin d'éviter par là l'explosion d'une seconde guerre d'Espagne, qui donnerait à Napoléon une nouvelle troupe de partisans sur les derrières de l'armée.

J'observai que la vue des phalanges blanches devant les armées de Napoléon produirait une désertion considérable, et qu'un mouvement royaliste imprimé dans les provinces soumises, ne manquerait pas de produire le même effet dans celles qui ne l'étaient pas.

Monsieur de Hardenberg parut approuver généralement mes idées et m'engagea à faire un Mémoire à ce sujet. Il me dit : « Le désir de la l'russe n'est pas douteux. Son vœu sincère est le rétablissement des Bourbons ; elle n'apperçoit de véritable repos que dans cette perspective, mais l'exécution du plan sera-t-elle assurée? On pourra d'abord essayer, mais non pas se déclarer entièrement. » — Je me prononçai franchement contre une demi-mesure. J'ajoutai qu'il valait mieux y renoncer, que pour assurer la réussite, les puissances devaient soutenir par tous leurs moyens cette cause, qu'alors le succès serait infaillible. Il me promit que le lendemain matin il me fixerait l'heure d'une conférence avec le prince de Metternich. Je lui témoignai mes craintes sur les principes du cabinet d'Autriche relativement aux Bourbons. Le ministre me répondit que la question avait bien changé, que le prince de Metternich était disposé en leur faveur, mais qu'il doutait du vœu de la nation. Je lui représentai « qu'il était impossible que la nation se prononçât pendant qu'on traitait à Châtillon » ; que la comparaison de la proclamation du prince de Schwart-zenberg avec les faits qui l'ont suivie, lui avait imprimé de la méfiance. Je me résumai enfin en déclarant que j'avais été le témoin oculaire et auri-culaire de l'accueil fait à Son Altesse Royale à Vesoul ; que j'avais entendu des cris répétés de : *Vive le Roi ;* que j'avais vu le peuple se porter en foule dans ses appartements, malgré les gardes placées à la porte ; qu'en qualité de commissaire du Gouvernement, j'y allais presque journelle-ment, et que j'avais été témoin des nombreuses visites des habitants de la ville et des campagnes.

Le chancelier me demanda si cela était réellement vrai et si je pouvais l'affirmer ; que les Hautes Puissances se faisaient une loi de ne pas nommer le souverain qui devait régner en France ; que ceci était une question éminemment nationale, et qu'elles attendaient le vœu de la nation. Je lui répondis que j'étais incapable de tromper la religion de qui que ce soit, et encore moins celle d'un ministre dans une circonstance aussi importante. Il me parut que le chancelier d'Etat a été convaincu que le peuple français voulait les Bourbons, et que son incertitude sur la volonté des Hautes Puissances alliées était la seule cause de son silence. Il a senti qu'en se prononçant on se perdait indubitablement. Si Napoléon devait continuer à régner, il avait l'art de comprimer l'opinion publique par une terreur magique. J'ajoutais encore qu'il me paraissait incontes-table que les Puissances, qui semblaient ne s'être coalisées que pour détrôner Napoléon, hésitassent au moment de toucher au but ; qu'en laissant à Napoléon l'ancien territoire de France, et 22 millions de sujets, l'Europe ne pourrait jamais compter sur sa tranquillité ; qu'aucune con-dition du traité de paix ne serait capable de détourner cet ambitieux de ses vues ; que la coalition actuelle une fois détruite, elle ne se reformerait plus jamais ; que ce moment perdu, tout serait perdu.

Le ministre me promit de rendre au prince de Metternich un compte exact de notre conférence. Je ne puis douter de la sincérité du cabinet de

Berlin, relativement à la cause des Bourbons. Cette Puissance ne voit de sûreté stable pour elle que dans l'anéantissement de Napoléon, son ennemi juré.

Le chancelier est un homme profondément habile, fin, lorsqu'il faut l'être ; mais naturellement, il est franc et a une probité touchante, une grande loyauté. Je pense que des connaissances, des formes franches et séduisantes à la fois peuvent avoir de l'ascendant sur lui. Le chancelier de Hardenberg a toute la confiance dans Monsieur N. N., conseiller d'État intime : celui-ci a un caractère facile, avec des moyens. Il est extrêmement zélé pour la cause légitime.

Le *19* au matin, voulant me rendre chez M. de Hardenberg, je le rencontrai à cheval prenant le chemin de Bar-sur-Seine ; il m'arrêta et m'engagea à le suivre, en me disant que le prince de Metternich désirait beaucoup me voir. Je lui promis de m'y rendre. Après avoir cherché inutilement des chevaux de poste, je lui écrivis pour le prier de donner des ordres, afin qu'on me procurât des chevaux dans la nuit ; une ordonnance m'apporta une lettre du chancelier, par laquelle il m'invitait à me rendre de suite à Bar-sur-Seine. Le même pli en renfermait une du prince de Metternich pour le prince de Hohenlohe, gouverneur de Troyes, à l'effet de me faire donner de suite des chevaux. Ne trouvant plus ce dernier, je pris le parti de laisser ma voiture (ma voiture et mes effets ont été pris par les troupes de Bonaparte, au moment où une escorte prussienne la reconduisait de Troyes à Bar-sur-Seine, et depuis cette époque, j'ai constamment voyagé dans les équipages des ministres étrangers.) et de me rendre à pied à Bar-sur-Seine, où je sentais que ma présence pouvait devenir intéressante. Je vis dans la démarche du prince pour me procurer des chevaux un empressement qui me donnait de l'espérance. Le *20* mars, à ¼ de lieue en avant de Bar-sur-Seine, je rencontrai le prince de Metternich qui me dit de me rendre chez lui à six heures du soir. Je fis visite au chancelier de Prusse, qui m'admit de suite à son audience, et m'instruisit de la rupture du Congrès de Châtillon depuis la veille au soir. Il me donna les meilleures espérances en m'assurant qu'il était impossible d'être arrivé plus à propos, et m'offrit un couvert à sa table pendant tout le temps que je resterais au quartier général.

Je réfléchis mûrement au parti que je devais prendre. Me trouvant sans pouvoirs et sans instructions particulières de Son Altesse Royale pour ce cas imprévu, n'ayant aucun moyen sûr de correspondance, et craignant de perdre un moment qui ne se retrouverait peut-être jamais, je sentais à la fois et l'importance de ma mission, et la difficulté de la remplir, obligé de traiter une matière aussi délicate sans facultés pour déployer un caractère diplomatique, et placé vis-à-vis des premiers hommes d'État d'Angleterre, d'Autriche, de Russie et de la Prusse. La Providence semblait avoir marqué ce moment. Craignant qu'il n'arrivât encore une de ces circonstances fatales qui depuis 23 ans ont déjoué si souvent les plus belles

espérances de l'auguste Maison de Bourbon, craignant que Napoléon ne
se nouât des négociations tandis que j'irais chercher de nouvelles instructions, la bonne cause me détermina à prendre la résolution d'agir comme
si j'étais autorisé, espérant que Son Altesse Royale, en considération des
motifs qui m'ont déterminé, ne me désapprouverait pas.

A six heures, je me rendis à l'audience du prince de Metternich. Il
m'accueillit parfaitement, et me dit qu'on ne pouvait pas écouter les
propositions de la Maison de Bourbon, tandis qu'on traitait à Châtillon
avec Napoléon, que M. de Hardenberg l'avait parfaitement instruit..... si
j'avais autre chose à ajouter? Je lui explique le motif de ma confidence
à M. de Hardenberg pour obtenir son audience, ne voulant pas me confier
au papier, ce qu'il approuva. J'ajoutai à peu près en ces termes : « Votre
Altesse ! Il est des objets particuliers à l'Autriche que je n'ai pu confier
à M. de Hardenberg, et dont l'ouverture était réservée spécialement à Votre
Altesse d'après les ordres de Monsieur. » Il me demande ma lettre de
créance que je lui présentai. Il la garda pour la montrer à Sa Majesté
l'Empereur d'Autriche, en me disant : « Cela renferme tout. Expliquez-
vous. »

Je repris la parole : « Son Altesse Royale est nommée lieutenant général
« du Royaume par son auguste frère, le Roi. En se présentant, ils ne sont
« unis que par l'espérance de terminer les maux de la guerre. Ils sont
« disposés pour parvenir à ce but, de faire tout ce que les circonstances
« exigeront. La famille royale de France a vivement partagé la douloureuse ·
« résolution que des événements majeurs ont forcé l'Empereur d'Autriche
« à prendre, celle de sacrifier sa fille à l'intérêt de ses Etats. La famille \
« royale a si bien senti l'effet pénible de cette contrainte, qu'elle est '
« disposée, lorsqu'elle en aura la faculté, de faire revivre les anciennes
« liaisons intimes qui existaient entre les deux Cours. » Je remarquai que
cette ouverture lui faisait plaisir, et continuant, je lui dis : « Monsieur sait
« qu'il n'est pas de Cour en Europe qui soit plus que l'Autriche, intéressée,
« et à laquelle il appartienne mieux d'influencer le choix du souverain qui
« doit occuper le trône de France. Il sait aussi que ce Cabinet éclairé est
« dirigé par Votre Altesse; qu.. i les Bourbons remontent sur le trône, ils
« vous le devront, et que le nom de Votre Altesse passera dans les annales
« de l'histoire à la postérité, avec le récit de cette grande œuvre politique.
« Monsieur offre de signer sans le lire, l'écrit par lequel le sort de Marie
« Louise sera réglé. »

Le prince de Metternich m'interrompit en me disant qu'il appartenait à
l'Empereur d'Autriche seul d'en faire l'objet de ses soins, que dans la
balance politique de l'Europe, son Souverain n'avait jamais porté en
considération les intérêts de Marie-Louise. Et entrant en matière, il me
parla à peu près en ces termes : « Le peuple français est fatigué de
« Napoléon et desire de s'en débarrasser. Voilà son vœu. Maintenant
« il s'agit de faire le choix d'un autre Souverain. L'idée naturelle se

« présente de placer un Bourbon sur le trône, mais non point. pour
« reprendre l'ancien ordre de choses, ce qui produirait inévitablement un
« nouveau bouleversement ; mais tout simplement, pour prendre la place
« de Napoléon. Cependant, il faut avant tout que le peuple se prononce.
« Les Puissances ne prendront jamais sur elles de donner un Roi à la
« France contre son gré. La position de l'Autriche relativement à la France,
« est toute différente de celle des autres Cours de l'Europe, et il n'est pas
« douteux que son influence sur la question de savoir si l'on doit réintégrer
« les Bourbons ou non, est prépondérante. Mais la marche de sa politique,
« même dans les temps les plus difficiles, a toujours été lente et calculée.
« N'imaginez pas, par exemple, que l'Autriche dans ses intérêts puisse,
« ce qui s'appelle sacrifier son dernier sol et son dernier soldat, pour
« replacer les Bourbons sur le trône de France. La Prusse est, relativement
« à ses finances, dans une position qui ne lui permet de sacrifier que dans
« cette circonstance unique pour ramener la paix en Europe. Elle n'est pas
« la moins intéressée à un règne paisible en France ; mais elle est forcée
« par sa position, de suivre l'impulsion de la Russie ou celle de l'Autriche.

« Politiquement, la question devient presque étrangère à la Russie. Cette
« campagne se terminera par des succès ou par la perte de son armée.
« Dans ce dernier cas, elle retournera tranquillement dans ses Etats, où de
« longtemps, on ne viendra plus l'inquiéter, tandis que l'Autriche seule
« tenant le premier rang dans le Midi de l'Europe, ne peut se dispenser
« de prendre part à toutes ces guerres. Vous jugez par ceci de quel intérêt
« majeur la question actuelle est pour la Maison d'Autriche, et quelle doit
« être son influence.

« En mon particulier, et comme homme, nul doute que je ne désire
« revoir le légitime souverain sur le trône de France. » Il me demanda
quel était l'entourage du prince et de lui nommer les personnes. Je le lui
dis autant que ma mémoire me le permettait, en citant M. le comte
d'Escars, les comtes de Polignac, le comte Trogoff, le marquis de Montciel,
le marquis de la Salle, M. de Saint-Maurice, et M. l'abbé de Latil. J'ajoutai
qu'il y en avait nombre d'autres que je ne connaissais point, et que l'entourage ne pourrait se former qu'à mesure que les choses se développe-
raient. Il me dit qu'il était très essentiel, au commencement surtout, de
ne point employer d'émigrés dans les places supérieures ; qu'il convenait
de ne les employer même qu'avec ménagement dans les places secon-
daires ; qu'il respectait, comme homme, infiniment les émigrés ; qu'il était
affligé de leur sort ; mais comme homme d'Etat, et dans la position des
choses actuelles, il pensait que pour leur propre intérêt à venir, il ne
fallait pas les placer ; que leur présence blesserait nécessairement certains
partis, ce qu'il fallait absolument éviter ; qu'il était nécessaire de s'occuper
de suite à attirer à tout prix quelques personnages marquants de Napoléon, les décorer avec de nouveaux ordres, et les placer au même rang
qu'ils occupaient ; qu'il était difficile d'avancer sans eux.

J'admirais le profond raisonnement de ce ministre, en lui observant néanmoins que les principes de plusieurs de ces hommes étaient oppressifs pour le peuple, que peu à peu on pourrait écarter ceux qui ne suivraient pas les principes paternels du Roi ; que l'administration intérieure exigeait également des réformes pour économiser les frais énormes qui avaient été inventés en partie pour rendre les partisans de Napoléon plus nombreux. Le prince parut goûter mes remarques. Puis il m'observa que la proclamation de Buckenham était bien éloignée du système que Monsieur paraissait avoir adopté et qui était le seul concevable pour arriver au but. Pourquoi laisser ce louche sur les biens nationaux et ne pas trancher le mot de ratification ? me dit-il. J'observai au prince que c'était un sentiment de délicatesse qui guidait Votre Altesse Royale, ne voulant pas disposer des biens de ceux qui s'étaient sacrifiés pour sa cause. Le prince me répondit : « Mais si les Bourbons ne remontent pas sur le trône, auront-ils leurs biens ? Si le sacrifice en est fait pour tout autre souverain, pourquoi ne le serait-il pas pour le prince légitime, lorsque le cas l'exige supérieurement ? N'est-ce pas le seul prince duquel ils aient des dédommagements à espérer par la suite, soit pour eux, soit pour leurs enfants ? Je sens, ajouta-t-il, combien il doit en coûter à ce juste prince ; mais s'il veut régner, il faut avoir l'unanimité de l'opinion publique en sa faveur. Le vœu national seul le replacera sur le trône, et comment l'obtenir, en laissant le moindre doute sur la vente des biens nationaux ? »

Je sentais combien cette difficulté choquait l'esprit du ministre, et persuadé qu'il faudrait finir par adopter son sentiment, je pris sur moi de l'assurer que Monsieur y consentirait. Nous convînmes qu'il fallait laisser subsister la Constitution actuelle qui était bonne, afin d'éviter de nouveaux troubles ; que Louis XVIII prendrait le trône à la place de Napoléon. Le prince me parla beaucoup de ce dernier, que personne ne connaît plus profondément que lui, ce qui me donna la conviction que le cabinet d'Autriche, heureux d'avoir pu éviter de traiter de nouveau avec lui, ne renouerait plus de négociations.

La conférence dura au moins une heure et demie. Le prince me donna les meilleures espérances sur la prochaine résolution de l'affaire, en me disant qu'elle pourrait prendre une bonne tournure en peu de jours ; qu'il en conférerait avec les autres ministres, et que nous nous reverrions.

J'ai observé qu'en résultat, il n'entendait pas mettre trop à découvert les Hautes Puissances alliées, sans l'émission préalable du vœu de la nation, et qu'il ne voulait que céder habilement aux circonstances. Je combattis, comme avec le chancelier de Hardenberg, le moyen des demi-mesures, et promis de lui remettre à cet égard un Mémoire. Il est impossible d'être plus satisfait que je ne l'ai été de cette intéressante conférence, où ce ministre a coulé à fond la matière avec moi.

Le prince de Metternich paraît être prépondérant parmi les ministres des cours alliées. Impossible de trouver de plus brillantes lumières et plus de moyens. Aller droit au but est le seul chemin pour réussir avec lui, parce qu'il est difficile de le surpasser en finesse. La force d'une bonne logique et des connaissances ont seules de l'empire sur lui. Il est susceptible d'agréer une louange vraie et placée à propos.

Je revis après la conférence M. de Hardenberg, et lui fis part de ce que je pouvais lui dire. Le lendemain matin, on se rendit à Bar-sur-Aube. M. de Hardenberg me donna une place dans sa voiture. J'eus une conférence avec M. le baron de Binder qui est la première personne du Cabinet du prince de Metternich : il paraît qu'il possède toute sa confiance. C'est un homme de mérite et de talents, d'un abord plus difficile que le prince lui-même. Notre conférence a été basée entièrement sur celle du prince de Metternich, et ses principes les mêmes. Il m'assura que j'allais être incessamment expédié.

Pensant que pour provoquer une prompte résolution de la part du prince de Metternich, il pourrait être utile de me présenter à S. E. le comte de Nesselrode, et à Milord Castlereagh, j'en pris la résolution et je fis un Mémoire qui est annexé au présent rapport, et qui a été communiqué aux quatre ministres plénipotentiaires.

Je me rendis chez S. E. M. le comte de Nesselrode. Il était au moment de son départ pour rejoindre le quartier général de l'empereur de Russie. Je fus bien accueilli, et lui lus mon Mémoire dont il approuva les principes, qu'il me dit d'être d'accord avec le système adopté. Il ajouta que le Cabinet de Russie était très porté pour le succès de la cause légitime; qu'il était instruit de l'affaire, et qu'il laissait aux autres ministres le soin de terminer, s'en rapportant absolument à ce qu'ils feraient.

J'ai vu ce ministre trop peu d'instants pour me permettre d'émettre aucun jugement. Il m'a paru avoir des moyens, et saisir assez promptement. Je présume qu'il est aussi difficile de prendre de l'ascendant sur lui, que de le deviner.

Je fus aussi voir Milord Castlereagh qui me demanda si j'étais autorisé à me présenter à lui. Je lui répondis que non, mais que j'ignorais lors de mon départ, la rupture du congrès de Châtillon; que je n'avais qu'une mission directe auprès du prince de Metternich, mais que la position ayant changé, je trouvais convenable de me présenter auprès de tous les ministres plénipotentiaires; que j'étais flatté d'être présenté au ministre qui représentait si dignement le gouvernement britannique. Je lui lus mon Mémoire qu'il parut approuver, particulièrement au passage où je développais les principes qui guidaient le Roi dans cette circonstance. Je lui parlai du rétablissement du commerce et de l'industrie. Je touchai l'objet des colonies : il me répondit que l'Angleterre ne démentirait jamais les principes de justice et de loyauté qui la dirigeaient. Je répliquai à mon tour que le Roi et Monsieur ne doutaient pas des sentiments qui animaient le Cabinet anglais; qu'il avait donné des preuves non équivoques de son opinion, n'ayant jamais varié un instant pendant tous les bouleversements de l'Europe. Milord prit la parole : « Dites à Monsieur, qu'il ne peut pas douter de la satisfaction que j'ai, de voir que les intérêts de l'Europe et ceux de la politique puissent enfin être d'accord avec le sentiment qui m'anime pour la légitime cause des Bourbons. Notre manière de voir à cet égard a toujours été uniforme; mais il fallait que le temps et les circonstances nous aidâssent à parvenir au point où nous en sommes. J'ai toujours prévu que cela arriverait, d'après la marche que Napoléon suivait. »

Je lui témoignai que dans aucun temps l'auguste Maison de Bourbon n'oublierait la fidélité de l'attachement de l'Angleterre pour elle.

Je dînai le lendemain 22 mars chez M. de Hardenberg avec Milord Castlereagh, le prince de Metternich et M. de Humbold. Le hasard me plaça à côté de Milord Castlereagh, j'en profitai pour lier mieux connaissance avec cet homme respectable qui m'a paru avoir une sagesse éclairée et la simplicité du vrai mérite. Des idées saines et profondes, les vues droites, calculant les résultats d'une opération avec froideur et finesse. Je suis persuadé que dans cette circonstance, ma démarche auprès de lui a hâté le dénouement. J'ajouterai que j'ai pu remarquer, aux dispositions du ministre à seconder nos vues, que le cabinet britannique sentait le besoin de rétablir l'ordre en Europe pour ses finances, et que pour l'obtenir, il fallait rétablir les Bourbons en France.

J'eus l'honneur d'écrire à Votre Altesse Royale le même jour, sous le couvert de S. E. le baron d'Andlau, et remis ma lettre au comte de Wrbna, grand Chambellan de S. M. l'empereur d'Autriche, qui me promit de la faire parvenir par le premier courrier du Cabinet. Sans entrer dans des détails, je rendais compte à V. A. R. des démarches que j'avais faites, et du point où en étaient les négociations.

Je cherchai inutilement à revoir le prince de Metternich pour hâter la conclusion, ce qui me donna l'inquiétude que les affaires des armées allaient mal, et que peut-être Napoléon cherchait à remuer. Ne pouvant me rendre raison d'après ma première conférence, du renvoi de la seconde, M. de Hardenberg me tranquillisa et me fit avertir dans la nuit du 23 au 24 qu'on allait partir pour Châtillon. Persévérant toujours plus dans mon projet de ne quitter le quartier général que lorsque j'aurais obtenu une résolution définitive, je le suivis à Dijon.

Je savais que le prince de Metternich était déterminé à épouser la cause des Bourbons, mais que sa résolution était prise de ne se prononcer que lorsque le peuple français se serait prononcé lui-même voulant se ménager les moyens de négocier avec Napoléon jusqu'à ce que sa défaite soit assurée, soit par les armes des Hautes Puissances, soit par l'émission du vœu de la Nation. Ne partageant pas les mêmes doutes, et bien persuadé que la France n'hésiterait pas à manifester des désirs, aussitôt qu'elle aurait pris confiance dans l'appui des Alliés, j'employais tous mes moyens auprès du Chancelier de Hardenberg et de Milord Castlereagh, afin qu'ils hâtassent la détermination du prince de Metternich.

La Providence amena deux circonstances qui décidèrent le succès de la cause légitime.

Le quartier général partit le 24 de Bar-sur-Aube, pour se rendre à Dijon, où il arriva le 26. J'étais chez le chancelier de Hardenberg le 27 au matin, au moment où il venait de recevoir une lettre de M. d'Alepeens, gouverneur de la Lorraine, par laquelle il annonçait que Votre Altesse Royale était arrivée à Nancy avec des passeports de S. E. le gouverneur de la Franche-Comté; qu'il lui avait fait l'accueil dû à un prince, et que cet accueil avait produit le meilleur effet sur l'esprit des habitants. Il demandait, en conséquence, quelle était la conduite qu'il devait tenir ultérieurement. Milord Brackford entra au même instant, avec la nouvelle de l'entrée de lord Wellington à Bordeaux, et de l'arboration de la cocarde blanche dans cette ville. M. de Hardenberg, en extase de cette nouvelle, se rendit de suite chez le prince de Metternich, en m'assurant que l'affaire allait se terminer. Je me rendis chez Milord Castlereagh, auquel j'eus l'honneur de dire : « Vous voyez que le vœu du peuple est bien prononcé dans la partie de la France qui ne craint pas Napoléon. » Il me répondit que je ne tarderais pas à être expédié ; que la nouvelle reçue lui faisait le plus grand plaisir. Je parlai d'un emprunt, et Lord Castlereagh me dit qu'il garantissait la somme après en avoir conféré avec les ministres des autres Puissances ; que je pourrais toujours m'informer où il y avait de l'argent. J'en chargeai MM. de Chevilly et Pillichody, de Berne [1], qui se rendaient alors à Neuchâtel. A cette occasion, M. de Loysy, de Dijon, donna à son souverain légitime une preuve, qui n'est pas équivoque, de son dévouement, en m'offrant ses biens en garantie d'une somme quelconque. Ses biens sont estimés à la valeur de 2 millions 800 mille francs.

Dans la nuit fort avancée, je vis le chancelier de Hardenberg qui revenait de la conférence des ministres. Il m'apprit que le lendemain il y aurait dîner, et à la suite, une dernière conférence à ce sujet. Le lendemain, ce ministre, en sortant de la conférence, me dit : « Je vous félicite, mon cher, vos vœux et les nôtres sont remplis. Tout est terminé. Rendez-vous à deux heures moins un quart chez le prince de Metternich : il vous donnera vos instructions pour partir. Nous avons nommé le comte de Bombelle pour se rendre conjointement avec vous chez Son Altesse Royale, à laquelle vous voudrez bien dire que Sa Majesté le Roi aura l'honneur d'écrire sous peu. »

Je trouvai le prince de Metternich. Il me reçut très bien en me disant: « Je vous donnerai vos instructions ce soir à huit heures et demie. Les bonnes nouvelles ont contribué à terminer. Vous partirez demain avec le comte de Bombelle pour vous rendre ensemble auprès de Monsieur. »

[1] M. de Gingins de Chevilly avait été envoyé par le gouvernement de Berne au quartier général des Alliés pour négocier la restitution de l'Argovie bernoise.

Nous causâmes assez longtemps sur le système qu'il faudrait suivre, et l'urgence qu'il y avait de former un corps d'État composé des propriétaires les plus riches et les plus considérés.

Je ne fus pas reçu le soir à l'heure indiquée, ni le lendemain matin. Craignant de voir partir le comte de Bombelle sans moi, j'eus recours à M. de Hardenberg, qui, dans tout le cours de cette importante négociation, n'a pas cessé de me donner des preuves de bienveillance. J'eus l'honneur de lui exposer que sans être revêtu d'un caractère diplomatique, j'avais le sentiment de l'honneur autant que l'homme qui tiendrait le premier rang ; que je laisserais partir le comte de Bombelle ; que je ne partirais très positivement que lorsque j'aurais mes instructions du prince de Metternich ; que j'étais l'agent de cette négociation, et que par conséquent, sans me manquer à moi-même, je ne pouvais me présenter à Votre Altesse Royale sans avoir connaissance des instructions, et sans être muni d'une lettre du prince de Metternich pour Votre Altesse Royale. J'ajoutai que si Son Excellence avait quelque reproche à me faire dans toute la conduite de cette affaire, elle daignât m'en faire part. Ce digne ministre me serra la main en m'adressant les choses les plus obligeantes, et en me disant expressément que ma mission auprès de Votre Altesse Royale devait se faire conjointement avec M. de Bombelle. Il eut la bonté d'écrire une lettre au prince de Metternich, que je lui portai. Ce ministre me fit l'honneur de me recevoir et de me communiquer les instructions données à M. le comte de Bombelle. Elles se résumaient à quatre conditions principales :

1° Que Louis XVIII serait Roi constitutionnel ;

2° Que le Roi ratifierait la vente des domaines nationaux ;

3° Que le libre exercice des cultes serait maintenu ;

4° Que les hommes en place seraient conservés, ainsi que la dette publique.

Il est dit dans le corps de l'instruction que les départements de l'ancienne France qui se déclareraient pour Louis XVIII seraient sous son gouvernement immédiat ; qu'une portion de ses revenus servirait à subvenir à une partie des frais de la guerre jusqu'à la sortie des armées alliées ; qu'il n'appartenait qu'à l'empereur d'Autriche seul de se charger du sort de Marie-Louise ; que Votre Altesse Royale pourrait de suite faire une proclamation basée sur les conditions précitées. C'est là tout ce que la mémoire me permet de conserver de cette pièce.

Verbalement, le prince de Metternich me pria d'engager Votre Altesse Royale à appeler le maréchal Augereau ; qu'il avait des raisons pour penser qu'il viendrait ; qu'en général, Votre Altesse Royale ne devait pas perdre de vue de s'attacher le plus tôt possible les personnages les plus importants de Napoléon. Je demandai enfin au prince de Metternich de bien vouloir m'honorer d'une réponse pour Votre Altesse Royale, ce qu'il eut la bonté de faire de suite.

Nous partîmes de Dijon le *30* mars avec le comte de Bombelle, qui, depuis qu'il a été chargé de cette mission, a pris avec moi un ton de réserve qui m'a frappé, lorsque je le comparais aux épanchements qu'il avait eus précédemment envers moi. Nous arrivâmes à Nancy le 1er avril au matin. Malgré tous mes efforts pour porter le premier aux pieds de Votre Altesse Royale le rétablissement de son auguste Maison sur le trône de France, M. le comte de Bombelle me devança d'une demi-heure pour avoir sans doute le bonheur d'être le porteur de cette intéressante nouvelle.

J'eus à mon tour, l'honneur de rendre à V. A. R. un compte succint de ma mission, en même temps que j'eus celui de lui remettre la lettre du prince de Metternich.

Je crois de mon devoir de faire connaître à V. A. R. les services que M. de Delfils [1], mon digne compagnon de voyage m'a rendus dans tout le cours de cette affaire. J'ai été forcé par des circonstances, de le mettre dans le secret, et j'ai lieu de m'en féliciter. M. de Delfils s'est voué de cœur et d'âme. Il a eu la complaisance de m'aider de tous ses moyens. J'ai eu souvent l'occasion de me consulter avec lui et toujours avec satisfaction. C'est rendre hommage à la vérité que d'assurer V. A. R. qu'un Français n'aurait pas pu montrer plus de dévouement et de persévérance que ne l'a fait le brave Suisse que j'ai eu l'honneur de présenter à V. A. R.

Tel est le rapport que je prends la respectueuse liberté de soumettre à V. A. R. en la suppliant de bien vouloir le mettre sous les yeux de Sa Majesté le Roi. Il contient dans tous ses détails, la plus exacte vérité. J'oserai même en appeler au témoignage de chacun des ministres, en ce qui le concerne, me soumettant à la peine la plus grave à mes yeux, celle d'encourir la disgrâce de V. A. R., si l'un des ministres ne confirmait point les faits et circonstances qui lui appartiennent, et tels que je les ai développés.

Je m'estimerai heureux, si par ma conduite, j'ai pu satisfaire aux ordres de V. A. R., et par là mériter la grâce de pouvoir être mis dans le cas de donner à Sa Majesté et à V. A. R., de nouvelles preuves de fidélité, de dévouement et du très profond respect avec lesquels j'ai l'honneur d'être

de Monsieur

Le très humble, très obéissant et très soumis serviteur,

(Signé) : DE WILDERMETH.

Nancy, le 1er avril 1814.

    Pour copie conforme à l'original,

Montargis, le 1er mai 1817.

    Pour copie conforme à la copie,

Berne, le 19 septembre 1821.

Chancellerie du Conseil secret :
C. E. de Graffenried.

(L. S)

---

[1] Melchior Delefils de Porrentruy, avocat, sous-préfet de l'arrondissement de Delémont, pour le compte des Puissances alliées de 1814 à 1815, délégué du pays de Porrentruy à Vienne, en vue d'obtenir du Congrès la restauration de la Principauté de Bâle, ou la constitution d'un canton suisse sous la suzeraineté du prince-évêque de Bâle.

MÉMOIRE

fait par M. de Wildermeth au Quartier Impérial de l'Empereur d'Au-triche, à Bar-sur-Seine, le 20 mars 1814, dans la vue de prouver que le vœu de la nation française était de détrôner Napoléon, de rétablir l'auguste Maison de Bourbon, et que c'était le seul moyen de pacifier l'Europe,

Communiqué au prince de Metternich, au comte de Nesselrode, à Lord Castlereagh, et au baron de Hardenberg, ministres plénipotentiaires des hautes Puissances alliées.

Dans la guerre actuelle, les hautes Puissances alliées n'ont d'autre but que celui de donner à l'Europe une paix solide et durable.

J'ai l'honneur de soumettre aux grands personnages auxquels il appartient de régler les intérêts de l'Europe, un moyen adopté aux circonstances pour y parvenir.

Pour entrer en matière, il est nécessaire de rappeler succintement ce qui s'est passé relativement à l'opinion publique de la France, depuis son occupation pour les armées coalisées. On ne peut se dissimuler que dans cette circonstance, elle a une influence majeure sur les événements de la guerre. La France est un des pays où, à certains égards, il semble au premier abord qu'il y a le moins d'esprit national; mais guidée par le point d'honneur, on sait que cette nation est capable des plus grandes choses. On pourrait peut-être dire d'elle, ce que l'on a pu dire de l'Espagne, qui, réduite par le règne de plusieurs princes faibles à un état d'inertie apparente, a fait des efforts inouïs pour se venger de l'outrage qu'on lui a fait, et a déployé, protégée par l'Angleterre, des forces qui ont étonné l'Europe. Vingt ans de révolution et de règne de fer ont également énervé la France, et sans comparer le caractère de ces deux peuples, on pense que la France, trompée dans son attente sur le résultat de cette guerre, pourrait de nouveau être livrée à l'anarchie, et être capable d'efforts prodigieux pour se venger, étant guidée par des mains habiles qui auraient l'art de tirer parti de ce ressentiment.

Depuis longtemps l'opinion des Français a été dirigée par des proclamations, des journaux et autres écrits. La proclamation de S. A. le Prince de Schwarzenberg, au nom des hautes Puissances alliées, à l'époque de son entrée en France, a calmé l'opinion du peuple français sur le but de cette guerre, elle a été regardée comme une condition tacite à l'abri de laquelle le peuple n'a cru devoir former aucune résistance, et a même refusé de seconder les vues de l'empereur Napoléon pour une levée en masse [1].

Il est essentiel de connaître à quel motif on doit attribuer cette conduite du peuple qui a désobéi en ceci à son Souverain.

La seule et véritable raison gît dans le grand mot d'espérance contenu et exprimé dans la Proclamation du prince de Schwarzenberg : *Nous ne faisons pas la guerre au peuple, mais à son gouvernement.* La nation française a donné à ces paroles une entière confiance ; elle les a interprétées conformément à ses désirs et à la nécessité dans laquelle elle se sentait depuis longtemps de changer de gouvernement. L'opinion unanime de la France était que l'on détrônerait Napoléon, pour donner à la France un Souverain dont le système fût d'accord avec celui des autres Puissances de l'Europe. Vingt ans de guerres, de révolutions, de conscription et de terreur ne pouvaient laisser aux Français que le regret d'avoir changé de gouvernement. Toute la nation était lassée du système d'envahissement de Napoléon ; toutes les ressources de l'industrie étaient taries par les guerres continuelles et par le défaut de commerce, conséquence naturelle du système continental. Les conquêtes de Napoléon étaient aussi ruineuses pour la France que pour les nations conquises elles-mêmes. Toutes les classes d'habitants, excepté les hommes en place et les propriétaires de domaines nationaux, sentaient le besoin d'un changement : toutes le désiraient ; mais par une terreur magique, l'Empereur comprimait l'expression de la volonté du peuple ; celui-ci espérait que les armées alliées lui en faciliteraient l'essor.

Après un mois de campagne, les excès de tous les genres commis par les troupes des hautes Puissances alliées ont changé l'opinion du peuple qui leur avait ouvert loyalement ses villes et ses habitations. La volonté bien prononcée des Souverains et de leurs dignes chefs d'armées, n'a pu empêcher de petits corps d'armée isolés, et principalement des escortes de transports militaires, de se livrer dans les villages à la dilapidation de

[1] Le projet d'appeler la nation aux armes, que l'envoyé du comte d'Artois prêta à Napoléon, ne prouve qu'une chose : les terreurs de la coalition en face d'un soulèvement national contre l'étranger. Napoléon, dont le gouvernement s'appuyait uniquement sur le despotisme impérial et l'exaltation de l'armée, répugnait à employer ce moyen suprême. Thiers rapporte que pendant la bataille d'Arcis-sur-Aube, où l'armée avait, comme toujours, accompli des prodiges, s'entretenant avec le général Sébastiani, il lui avoua que les troupes engagées étaient sa dernière ressource. « Mais alors, reprit le général, comment Votre Majesté ne songe-t-elle pas à soulever la nation ? — Chimères, répliqua Napoléon, chimères, empruntées aux souvenirs de l'Espagne et de la Révolution française ! Soulever la nation, dans un pays où la Révolution a détruit les nobles et les prêtres, et où j'ai moi-même détruit la Révolution !... »

leurs vivres et à tous les outrages imaginables : ceci a forcé les habitants, quoique dans une saison rigoureuse, à abandonner leurs maisons et leurs villages ; toutes les routes militaires, et celles correspondantes de traverse sont désertes, et ces infortunés n'ont trouvé d'asile contre les mauvais traitements que dans les bois ; trompés dans leur attente, et regrettant de ne s'être pas ralliés en masse autour de Napoléon sur les bords du Rhin, pour s'opposer à l'entrée des armées alliées, exposés d'ailleurs à une famine prochaine, dénués de tout, *humiliés, livrés au désespoir*, à quoi doit-on s'attendre de pareils hommes ? Leur masse augmente chaque jour, à la faveur de la belle saison et par les mauvais traitements qu'ils éprouvent : leur misère est croissante, bientôt ce sera une horde d'affamés désespérés ! Quelle autre image ceci nous représente-t-il, si ce n'est une *seconde Espagne ?* Quel présage sinistre en cas de retraite ! Quel sort doit attendre, dans ce cas, cette portion de l'armée qui marche par petits corps détachés, et comment se retirer en grandes masses sans subsistance, sur des routes désertes et dans des pays affamés ?

Quelqu'effrayant que soit ce tableau, il est vrai, et il est nécessaire de s'y arrêter. S'il répugne de prévoir les maux, il le faut cependant pour chercher les moyens de les éviter.

La classe des hommes pensants a dit avec raison : « On nous annonce *qu'on fait la guerre au gouvernement et non point au peuple, tandis qu'on la fait au peuple et qu'on traite de la paix à Châtillon avec le gouvernement.* » Les faits prouvent combien l'impression que cette contradiction a faite est funeste : la bonne volonté des habitants a cessé avec l'évanouissement de leurs espérances et les mauvais traitements ; déjà ils commencent à penser à la vengeance !

Le comte d'Artois arrive dans ces circonstances en France : il est accueilli avec enthousiasme, partout sur son passage, il est reçu par des acclamations et des cris de joie. A Vesoul, la foule se presse sur son passage, des cris de *vive le Roi* ont été entendus répétés ; les gardes placés à sa porte n'ont pu empêcher la foule d'entrer dans ses appartements pour le contempler et lui baiser les mains : pendant les premiers jours, les habitants des environs et les maires mêmes venaient le visiter. Fût-il arrivé accompagné d'un régiment de troupes alliées, on n'aurait pu lui donner des marques plus franches de satisfaction et de joie de le revoir. Ceci est l'exacte vérité. Il est à propos d'observer que Vesoul est connu pour être l'une des villes où il y a peu de partisans des Bourbons, mais quelle est l'opinion que la France doit se former sur l'arrivée de ce prince ? Quelle protection, quel appui la France peut-elle espérer des Alliés en exprimant son vœu ? Ce prince, qui devait partir le lendemain de Vesoul, est arrêté faute de chevaux et de visa de passeport au moment de son entrée en France. Il est notoire que le général commandant le département n'a pas voulu lui laisser continuer sa route. On sait qu'un courrier a été expédié, qu'il est revenu, et que le Prince reste à Vesoul, sans recevoir de la part des hautes Puissances alliées, d'autre marque de distinction que celle d'une garde russe.

A l'empressement succède d'abord la prudence, puis la crainte de s'être trop avancé ; on tremble d'avoir fait des démarches impardonnables aux yeux de Napoléon, et bientôt le comte d'Artois se trouve presqu'isolé au milieu de son peuple. A Dijon, un enthousiasme peut-être imprudent a fait arborer la cocarde blanche ; ceux qui l'ont portée ont été arrêtés. A Bâle, l'imprimeur de la Proclamation du Comte a subi le même sort. L'événement de Troyes a justifié la prudence de ceux qui se retiraient de la Maison du Prince. Toutes ces circonstances ont été connues subitement et partout parce qu'elles fixaient l'attention publique. L'arrivée du Prince qui semblait être pour la nation française un signal de ralliement autorisé par les hautes Puissances, n'a bientôt paru être qu'une démarche hardie et peut-être inconsidérée.

L'opinion du peuple pour un changement de dynastie et de préférence en faveur des Bourbons, est néanmoins assez forte pour rallier les Français aux troupes des hautes Puissances, mais il est indispensable qu'on fasse cesser les mauvais traitements, et que l'on prenne sérieusement des mesures capables de maintenir une bonne discipline militaire : il faut également qu'il apparaisse clairement que les hautes Puissances autorisent le peuple à embrasser la cause des Bourbons ; c'est là le moyen le plus assuré pour parvenir à la paix. Elle sera durable, parce que le système de la France sera alors celui de l'Europe.

Dès que le mouvement sera donné dans les provinces occupées par les troupes alliées, il en résultera nécessairement un autre dans les provinces non soumises ; peut-on douter, lorsque l'on considère la conduite tenue par le Corps législatif, et lorsqu'on lit les discours des législateurs Laisné et Renouard ? Leurs paroles pleines de vigueur ne sont-elles pas l'expression du sentiment qu'éprouve un peuple opprimé, et porté à ce degré de désespoir qui lui donne l'énergie nécessaire pour secouer le joug ? Sans les armées de Napoléon qui compriment l'opinion, n'aurions-nous pas vu les Français opérer d'eux-mêmes le mouvement qu'ils espéraient voir s'effectuer par les hautes Puissances alliées, d'après le sens qu'ils donnaient à la Proclamation du prince de Schwarzenberg. Il est essentiel de profiter encore du moment actuel pour opérer ce changement, et de s'emparer sans délai de cette portion du peuple, dangereuse, livrée au désespoir, réfugiée dans les bois, avant que Napoléon en profite contre les Alliés.

Pour mettre à exécution ce moyen, il convient d'autoriser et protéger le comte d'Artois, afin qu'il puisse agir efficacement sur l'esprit du peuple. L'abandonner à ses propres moyens, serait une de ces demi-mesures qui réussissent si rarement, et qu'on ne peut appliquer dans une circonstance aussi importante et aussi délicate. Se joindre à lui, c'est assurer le résultat.

Le Roi sait que toutes les Puissances coalisées ne sont unies que par un intérêt général auquel se rattachent leurs intérêts particuliers, que tout intérêt particulier qui ne tient pas directement à l'intérêt général de l'Europe ne peut avoir aucune influence sur leurs résolutions. Quoique le Roi sache que ce sont là les principes qui doivent guider les Cabinets de l'Europe, il sait aussi que les vœux des hautes Puissances alliées et ceux de leurs dignes Ministres seraient accomplis, si les Bourbons pouvaient devenir le moyen pour parvenir à la paix. La cause est portée aujourd'hui devant le Conseil qui doit juger de la légitimité des droits des Souverains sur les trônes qu'ils occupent. Cette décision solennelle doit nécessairement avoir une influence dont les résultats peuvent s'apercevoir sans être calculés sur le sort futur de l'Europe.

Dans cette situation des choses, le roi Louis XVIII qui a suivi toute la Révolution comme père de son peuple et comme observateur, auquel vingt-trois ans de malheur et de vie privée ont fait apprécier à leur juste valeur le prix des grandeurs humaines et les charges attachées au trône, sera guidé par ce principe, qu'en reprenant les rênes du gouvernement, de l'aveu du peuple, et protégé par les hautes Puissances alliées, il devient par là, à la fois *l'instrument et le gage d'une paix durable en Europe*.

Si le Roi n'était pas fort de cette pensée, si le but de la paix n'était pas le résultat du pas qu'il doit faire, il aimerait mieux renoncer au trône que de voir son peuple livré à de nouveaux troubles, l'Europe à de nouvelles guerres.

Comme souverain, Louis XVIII oubliera et les maux de la Révolution, et ceux qui, dans leurs passions, l'ont causée. L'objet de sa première pensée sera de donner à la France une Constitution adaptée à sa position actuelle, et dans laquelle le pouvoir du Souverain et les droits de la nation seront garantis par un corps respectable composé des plus riches propriétaires, des hommes qui ont le plus d'influence par leur génie et leur réputation. Il modifiera son gouvernement sur l'esprit des Français et l'état de la France, qui ont passé par 25 ans de révolutions et de guerres. Oubliant la France de 1789, il la reprendra telle qu'elle est en 1814 ; il cherchera à se rattacher les hommes marquants de Napoléon, toujours avec ce discernement que commandent les circonstances, et il se préservera du danger d'occuper trop d'émigrés dans les commencements, aucun dans les places supérieures, jusqu'à ce que le gouvernement ait pris de la consistance.

Pour commencer à agir, le comte d'Artois devra de suite se rendre à Lyon, qui peut être considéré comme la capitale du Midi, par son importance, sa situation, et l'opinion bien prononcée de ses habitants. Les hautes Puissances devront donner l'ordre au gouverneur de cette ville et au commandant militaire d'y observer la plus sévère discipline, de l'exempter de réquisitions, afin de captiver entièrement l'opinion des Lyonnais, qui indubitablement serait contrariée s'il s'y commet des excès impunis. Sans cette précaution, l'espoir de la réussite s'évanouirait. On convoquerait de suite, au nom des Bourbons, le Corps législatif à Lyon ; on nommerait Laisné comme président ; on inviterait le Sénat au moyen de la plus grande publicité, à s'y joindre. Cet acte d'investissement de l'autorité royale pour les Bourbons assurerait le succès de l'entreprise dans les provinces occupées, et produirait un mouvement favorable dans celles qui ne le sont point encore. Le Corps législatif servant de nouveau point de ralliement à la France, flatterait le peuple français : il s'occuperait de suite de la modification provisoire dans la Constitution française.

Le Comte enverrait des personnes dévouées dans tous les départements pour mettre l'ordre, et pour l'enrôlement, de même qu'en Suisse. Il donnera des secours aux communes réfugiées dans les bois : ce premier acte de paternité sera d'un prodigieux effet.

Il devra se présenter à Lyon avec un peu de faste pour flatter l'amour-propre national : il devra avoir une garde-d'honneur composée des diverses troupes des hautes Puissances alliées, à laquelle se réunira de suite celle des Lyonnais. Il fera une Proclamation appuyée sur celle des hautes Puissances. La cocarde blanche sera arborée. Le Comte devra recevoir les premiers moyens d'argent pour commencer soit par un emprunt, soit autrement, pour solder, salarier et représenter. En lui donnant les provinces soumises, il pourra plus aisément que les hautes Puissances, percevoir les contributions. Cela lui donnera nécessairement cette consistance qu'il faut pour arriver au but proposé. Plus on lui donnera de pouvoir, et plus le succès est assuré. La célérité dans l'exécution, et la grande discipline militaire sont indispensables.

Le Comte devra être autorisé à créer un nouvel ordre des Bourbons, pour récompenser les services militaires et civils, remplacer provisoirement les décorations les hommes qui se dévoueraient à son parti et qui auraient eu des décorations de Napoléon. Ces récompenses honorables et économiques sont indispensables pour s'attacher les hommes précieux dans un État, chez lequel l'honneur prévaut sur l'intérêt.

Bar-sur-Seine, le 20 mars 1814.

DE WILDERMETH.

Pour copie conforme à l'original :

Berne, 19 septembre 1821.

Chancellerie du Conseil Secret,

C. E. DE GRAFFENRIED.

RAPPORT

présenté à **Monsieur** *sur les services de M. de Wildermeth Envoyé de* **Monsieur**, *Lieutenant-Général du Royaume, près les Ministres des Puissances alliées, en vertu de ses pouvoirs datés de Vesoul, du 9 mars 1814.*

Tandis que Monsieur était à Vesoul, luttant contre toutes les difficultés que son courage a su vaincre, pour rétablir un trône renversé depuis 25 ans, après avoir envoyé inutilement au Quartier général des Puissances alliées, le comte d'Escars et le comte de Trogoff, sans avoir rien obtenu, pas même la permission d'aller lui-même faire valoir ses droits, Monsieur crut qu'il serait utile d'envoyer un nouvel émissaire au prince de Metternich, afin d'engager l'empereur d'Allemagne à reconnaître la Maison de Bourbon ; mais tous les Français envoyés du prince étaient dans une si grande défaveur, que Son Altesse jeta les yeux sur un étranger. M. de Wildermeth, né en Suisse, était alors attaché à M. le baron d'Andlau, gouverneur de la Franche-Comté pour les Puissances alliées : il faisait les fonctions de préfet du département de la Haute-Saône et avait montré de l'attachement à la Maison de Bourbon. Son Altesse le choisit en lui faisant donner une Commission ostensible du gouverneur, qui cachait le vrai but de son voyage. Il reçut de Monsieur des pouvoirs et des instructions, et même une promesse d'avoir soin de sa famille, dans le cas où il deviendrait victime de son dévouement, et fit son rapport au retour de sa mission.

Il a obtenu les conditions auxquelles les Puissances reconnaissaient Louis XVIII, roi de France, et a été chargé de les porter avec le Comte de Bombelles à Nancy. Il a rempli avec zèle et intelligence la mission qui lui avait été confiée ; il a soutenu avec chaleur les intérêts du Roi près de MM. de Metternich, prince d'Empire, du baron de Hardenberg, du comte de Nesselrode et de Lord Castlereagh. Enfin, il a renoncé aux offres d'une place diplomatique ou administrative qu'on lui faisait en Prusse.

D'après ces considérations, Monsieur pouvait recommander fortement M. de Wildermeth à M. l'abbé de Montesquiou, ministre secrétaire d'État de l'Intérieur, en demandant pour lui une préfecture de second ordre, et la première qui sera vacante. Ses moyens et connaissances le rendent susceptible de remplir cette place avantageusement pour l'État.

S'il était nécessaire que M. de Wildermeth fût naturalisé Français pour entrer au service du Roi, Monsieur demanderait pour lui cette faveur.

Copie de cette Note sera remise à M. de Wildermeth, en témoignage de satisfaction de ses services, pour lui et pour sa postérité.

J'approuve le Rapport sur les services rendus par Monsieur de Wildermeth à notre cause. Je demande à titre de récompense pour lui, au Ministre de l'Intérieur, la première Préfecture de second ordre qui sera vacante, et des Lettres de naturalisation, à la charge par M. de Wildermeth de remplir les formalités voulues par les Lois et Ordonnances à cet égard.

Voulant donner à M. de Wildermeth un témoignage honorable pour lui et sa postérité, de son dévouement à Notre Maison, j'ai revêtu les Présentes de ma Signature et de mon Sceau.

Paris, le 6 septembre mil huit cent-quatorze.

(L. S.)   Signé : CHARLES-PHILIPPE.

Par **Monsieur**

Paris, le 10 avril 1816.

Signé : Le Cte THIM. DE WILLEDEUIL.

Pour copie conforme à l'original

Certifié à Berne, ce 15 septembre 1821.

(L. S.)   C. E. DE GRAFFENRIED,

Secrétaire du Conseil secret.

DÉCLARATION

L'Avoyer en charge et les deux Membres soussignés du Conseil secret de la Ville et République de Berne certifient par les présentes : avoir tenu en mains et fait lecture de l'Original du Rapport présenté à **Monsieur** Comte d'Artois, sur les services de Monsieur de Wildermeth, Envoyé auprès des Ministres des Puissances alliées en 1814, approuvé et signé de la propre main de S. A. R. le Comte d'Artois Charles-Philippe, à Paris, le 6 septembre 1814, et revêtu du Sceau des Armes royales de France, dans une boite de buis, décorée sur le couvert, de l'effigie d'or de S. M. Louis XVIII; déclarant en outre que c'est de ladite pièce originale qu'a été tirée la Copie vidimée, d'autre part, laquelle, conformément aux désirs de Monsieur de Wildermeth, sera déposée aux Archives du Conseil secret, aux fins de pouvoir, en cas de besoin, remplacer le titre original.

Berne, ce 29 septembre 1821.

L'avoyer en charge,

Rodolphe DE WATTEVILLE ;
Rodolphe DE DIESBACH, cons. d'Etat;
Eman.-Frédéric FISCHER du Cons. secret.

IMPRIMERIE CATHOLIQUE SUISSE, GRAND'RUE, 13, FRIBOURG.